30代，40代を
賢く生き抜く！

山中 伸之

「超」ミドル
リーダーのための
時間術

明治図書

JN218003

はじめに

　本書でいう「ミドルリーダー」は，**学級担任をしながら学年主任や教科主任を務め，管理職と若手をつなぐ学校の要として日々を多忙に過ごされている30〜40代の先生方**を想定しています。そのような立場，そのような経験年数の先生方に「時間術」を提供するのが，本書の役目です。

　ところで「時間術」とはなんでしょうか。
　私はそれを，**「時間を有効に使うための技術と考え方」**ととらえてみました。時間を有効に使うとは，時間に価値を与えることです。

　例えば，学生時代を思い出してください。興味関心が極端に薄い授業を受けていたとしましょう。90分間が恐ろしく長く感じられたはずです。実際には90分でも，心理的には180分くらいに感じたでしょう。
　しかも，興味関心が極端に薄いのですから，その時間に得たものはほとんどないと言ってもよいかもしれません。仮に得たものの量をほとんどないものと考えて，1としておきましょう。
　今，時間の価値を，次の式で表すことにします。
　時間の価値＝得たものの総量÷（実際の時間×心理的時間）
　すると，この授業の時間の価値は，「$1 \div (1.5 \times 3) \fallingdotseq 0.2$」ということになります。
　別の場合を考えてみましょう。
　あこがれの異性とはじめてデートをしたときです。実際には90分でも，心理的には30分くらいに感じられて，あっという間に過ぎてしまったのではないでしょうか。しかも，その90分に得た幸せは，ものすごく大きなものと言えます。その量を最高値の100としましょう。
　このデートの時間の価値は，「$100 \div (1.5 \times 0.5) \fallingdotseq 133.3$」です。
　なんと，興味関心の低い大学の授業の実に667倍の価値を時間に与えたこ

とになります。同じ時間でも，その価値に大きな違いが生まれました。

　さて，この式はこのような結果となるよう意図的につくり出したものです。ですから，信憑性という点ではまったく当てになりません。しかし，この式と同様のことを私たちは経験としてわかっています。たとえ実際の時間がかかっても，そこから得るものが多かったり，心理的な時間が短かったりする場合，その時間の価値は大きくなるということを，です。つまり，**時間の価値は，実際にかかった時間だけでは計れない**ということです。

　ところが，私たちは日々時間に追われていますから，どうしても時間を短縮することに目が向き，時間を短縮する方法のみに価値を見いだしてしまいがちです。その結果，いたずらに先を急いだり，仕事が雑になったり，ミスを犯したり，じっくり見るべきものを見逃したりしてしまいます。

　本書を手に取るミドルリーダーの先生方は，教師として相応の経験をもっています。効率的に仕事をする術にも長けているでしょう。組織のある部分の責任者でもあり，学校経営も視野に入れて仕事をしなければなりません。

　だからこそ，**効率よく時間を使うことと価値ある時間を使うことのバランス**について考えてみることが必要なのではないかと私は思います。

　時間を短縮することばかりを追い求めているのは，別の意味で時間に追われていると言えます。時間に価値を与え，価値ある時間を使って仕事を充実させることこそ，ミドルリーダーに相応しい時間術です。

　本書では，ミドルリーダーの立場における効率的な時間の使い方とともに，価値ある時間の使い方も提案しています。立場や職務に応じてそれらを活用，応用して，充実した教師人生を手に入れていただければ幸いです。

2018年1月

山中　伸之

もくじ

第7章

断捨離で 時間を生み出す

第8章

ネットワークで 時間を生み出す

第1章

ミドル
リーダーに
相応しい
時間の使い方

⏱️ …経験と仕事の中継地点

　組織の中でのミドルリーダーの立ち位置は，ズバリ「中継地点」です。仕事を中継する役割です。

　中継ですから，**「受け取る」仕事と「送り出す」仕事**があります。それを合わせて**「つなぐ」仕事**と言ってもよいかもしれません。

　管理職や管理職に近い立場では「送り出す」仕事の方が多くなるでしょう。反対に経験年数が少ないうちは「受け取る」仕事の方が多いでしょう。ミドルリーダーはその両者を「つなぐ」立場であり，「つなぐ」仕事が多いということです。

　「つなぐ」立場にあるということは，時間の使い方にも「つなぐ」視点が求められることになります。

　経験年数の少ないうちならば，自分の時間さえ効率的に使えていれば大きな問題にはなりません。いかに「自分の時間」を効率的に使うかに目を向けていればよかったのです。

　しかし，ミドルリーダーとなり，「つなぐ」立場となると，少し様子が違ってきます。

　「自分の時間」が効率的に使えるだけでは，仕事そのものがうまく回らなくなるのです。なぜかと言うと，**ミドルリーダーのところで完結する仕事ばかりではなくなる**からです。

　ミドルリーダーの仕事には若手に「送り出す」仕事も含まれています。自分がいかに「自分の時間」を効率的に使って仕事をしていても，送り出した先の若手が効率的に時間を使えずに仕事が滞ってしまった場合，そのしわ寄

せはミドルリーダーのところに来るのです。

　ですから，ミドルリーダーには若手の仕事ぶりまで考えて，あるいは時間の使い方まで教えながら，仕事を「送り出す」ことが求められます。

　また，管理職や管理職に近い立場からすると，仕事を「送り出す」先は経験のあるミドルリーダーですから，逐一指示は出しません。ミドルリーダーを信頼しているということでもありますが，**任せる部分を残しておくことで，ミドルリーダーを育てようとするから**です。

　ですから，仕事を「受け取る」立場のミドルリーダーとしては，自分で企画したり立案したり仕事を割り振ったりすることが求められます。しかも，それを**管理職の意を汲んで行うことが必要**になります。

　与えられた仕事を確実にこなしていればよかった若手の立場とは違い，管理職の思いを確実に受け取り，それを具体的な形にして若手に送り出すという仕事をしなければなりません。企画や仕事の割り振りの時間はもちろんのこと，管理職に報告をする時間，相談をする時間，判断を仰ぐまでの時間，若手の報告を受ける時間，若手の相談にのる時間，そのような一連の時間を考えることも必要になります。

　このように，ミドルリーダーは「つなぐ」ということを意識しながら，いかに時間を有効に活用するのかを考えていく必要があります。ただ単に，その仕事をどれくらい効率よく進めればよいのかを考えるのではありません。

　その仕事を遂行するうえで必要な，上司とのやりとりの時間や，若手の仕事ぶりなども考慮して仕事を進めるのです。そうすることによって，上司から送り出された仕事を受け取り，改めて若手に送り出すという「つなぐ」仕事を円滑に進めることができます。

⏰ …個人主義から組織主義へ

　若いうちは，自分のことだけをやっていれば，だれからも文句を言われません。むしろ，自分のことがきちんとできているというだけで，ほめられ，認められます。

　主任や管理職にしてみれば，大きな問題を起こさず，特別な指導をしなくても，きちんと無難に学級を経営し授業を行ってくれるのが，最もありがたいことだからです。

　逆に言えば，大きな問題を起こしたり，特別な指導をしなくてはならない教員がいれば，主任も管理職もそこに大きなエネルギーを注がなければなりません。

　ところが，ミドルリーダーになると，これが一気に逆転します。自分のことだけをやっていればよいというわけにはいかなくなります。むしろ，**自分の学級経営や授業がうまくいけばうまくいくほど，自分だけでやっているということを批判されます。**

　例えば，こんなふうに言われます。

　「うちの学年主任は，自分の学級はすごくよくするんだけど，他のクラスのことはちっとも面倒を見てくれない」

　「国語主任なのに，自分の分担だけをさっさとやって，新採の先生に何も教えてあげない」

　これは，ミドルリーダーの職務の１つである若手への指導や助言を怠っているために起こります。

　ここが若手とミドルリーダーとの大きな違いです。

　つまり，ミドルリーダーには自分の職務を滞りなく果たすという仕事の他

に，自分にかかわる若手がその職務をよりよく果たすために，自分の時間と労力を提供することが求められるのです。

　そのため，**「組織で・組織と・組織に・組織を」**という「でとにを」を意識しておくことが必要になります。

組織で…自分ひとりでできることも，仕事を分担して組織で行います。こうすることで組織の協力体制をつくり，若手に仕事を覚える機会を提供します。

組織と…組織とともに学び，組織とともに成長します。自分だけが学んでいくのではなく，これから学ぶこともみんなに声をかけて一緒に学びます。

組織に…自分が今までに経験したことや学んできたことを，組織に提供します。自分だけができるのではなく，みんなができるように努めます。

組織を…上記の3点を行うことで，組織を活性化させ組織を成長させます。「自分だけ」という視点から，「組織を」という視点に転換します。

　優先的に自分のための仕事をし，優先的に自分のために時間を使ってきた若手時代とは勝手が違うかもしれません。時には，自分以外のために時間を使い，自分以外のために仕事をしなければなりません。

　これは一見すると大変なことで損な役回りだと思われるかもしれませんが，そうではありません。

　二宮尊徳のたらいの水のたとえ話のように，自分の方に水を集めようとすれば，水は逃げていってしまいます。しかし，相手の方に水をやろうとすれば，水は自分の方に戻ってきます。

　組織のため，相手のために仕事をすることが，回り回って自分のためになるのです。

⏱ …職場環境をつくる主役

　ミドルリーダーには，自分の仕事をこなすこと，管理職と若手をつなぐことの他に，もう１つ大きな仕事があります。それは，以下のことです。

> **職場の環境をつくっていく。**

　職場の環境といっても様々ですが，例えば次のようなことです。
❶職員室や資料室での仕事が効率的に行えるようにする。
❷作業の負荷や時間が過重な負担にならないようにする。
❸疲れたときに休める場所をつくる。
❹トイレ，ロッカー，更衣室などを使いやすくする。
❺管理職との人間関係が円滑にいくようにする。

　このような職場環境改善の仕事は，本来管理職がするべき仕事かもしれません。しかし管理職は，どうしても人・物・金を「管理する」という視点で見ることになりがちです。これに対して，**ミドルリーダーは一般の職員の目線で見ることができます。**そして，相応の発言権も持ち合わせています。
　そう考えると，職員が本当に使いやすい環境をつくる仕事は，ミドルリーダーが適任と言えるでしょう。
　では，どんな環境づくりや環境改善ができるか具体的に考えてみましょう。

❶職員室や資料室での仕事が効率的に行えるようにする

　例えば，職員室には文書関係のロッカーや棚が置いてあります。ミドルリーダーになると，文書を出し入れする機会が増えます。何度も出し入れをしていると，使いにくいと感じたり，使い勝手をよくするアイデアを思いつい

たりすることがあります。すぐにでもできることは即改善します。

❷作業の負荷や時間が過重な負担にならないようにする

　仕事は多くの場合，それぞれのセクションの長が責任者となります。その多くはミドルリーダーです。昨年通り，例年通りにやるのは簡単ですが，そのやり方に頼っていると，負担過重になっている教員がいることに気づかないことがあります。能力や立場に応じて仕事を配分することで，だれもが気持ちよく働けるようになります。そのような気配りも環境づくりの一環です。

❸疲れたときに休める場所をつくる

　30代後半のころ，歳の近い先輩と2人で，空き教室に畳を数枚敷いたことがありました。畳が十数枚もなぜか教室の隅に立てかけられていたのです。それを教室の床に敷くと，なんだかほっとするスペースに変わりました。上履きを脱いで畳に上がるだけでリラックスし，寝転がると一瞬だけ仕事を忘れました。こんなことに目が行き，それを実行することができるのも，ミドルリーダーならではです。職員室に風景写真を掲示したり，座右の銘の書かれた日めくりを置いたりするなどの，ちょっとしたことでもいいのです。

❹ロッカー，更衣室などを使いやすくする

　ロッカーや更衣室は知らない間に乱雑になり，使い勝手が悪くなります。若い職員は不便を感じてもなかなか言えないでしょう。そういう声を敏感に聞き取って改善するのもミドルリーダーだからできることです。

❺管理職との人間関係が円滑にいくようにする

　職場の悩みの9割は人間関係に起因している，と言われることがあるように，働くうえで人間関係を円滑にすることは大事です。ミドルリーダーにはつなぐ役割が求められます。若手の話を聞いて管理職に報告し，管理職の意向を若手に連絡することで，円滑な関係をつくることができるでしょう。

🕐 …家庭生活を充実させる

　ミドルリーダーとなってから，みなさんにも次のような変化が起きたのではないでしょうか。

・校務分掌が増える。
・より責任ある校務分掌が割り当てられる。
・よりよい学級経営や授業をしようとする意欲が高まる。
・その結果，今までよりも仕事に時間をかけるようになる。
・休日の研修や読書に費やす時間が増える。
・そして，家族と過ごす時間が相対的に減ってくる。

　責任のある分掌を任されると，人はやる気が高まります。それまで以上に張り切って仕事をするようになります。もっとも，そういうことでなければ成長はできません。責任ある立場から逃げていては，今までの自分を超えていくことはできないでしょう。

　責任ある分掌や立場に応じて，自分の仕事に対するスタンスを変えていくことは必要不可欠です。その最たるものは時間の使い方です。限られた24時間を何に使うかということです。仕事に充てる時間や，充実した仕事をするために自分に投資するための時間を，どのようにつくり出すかということです。

　仕事が忙しくなり，時間が必要になったとき，どの時間を仕事に充てますか？　その時間はだいたいだれも同じです。次の時間です。

・睡眠時間
・食事の時間
・趣味や余暇の時間

・読書や勉強の時間

・家族と過ごす時間

　みなさんはどの順番で仕事に充てているでしょうか。そして，最後まで残しておきたいのはどの時間でしょうか。

　おそらく，多くの人が「家族と過ごす時間」を最後まで残しておきたいと思うでしょう。それが正解です。なぜなら，**家族と過ごす時間を削ってまで仕事をしても，結局はうまくいかない**からです。

　どんなに仕事が大変でも，家に帰ってほっとすることができれば，明日またがんばろうという意欲がわいてきます。反対に，家に帰ってもくつろぐことができない，それどころか家に帰りたくない，こんなことになっていたとしたら，仕事に集中することもできないでしょう。

　ところが，注意しないと，いつの間にか最もやってはいけないことをやってしまうことがあります。家族と過ごす時間を後回しにして，仕事を優先し続けてしまうのです。

　どうしてでしょうか。それは，睡眠も食事も趣味も勉強も，結局は家族と過ごす時間を削ってしまうからです。仕事のためにどの時間を充てようと，最終的には家族と過ごす時間が少なくなっていきます。いつの間にかそうなってしまうのです。

　では，そうならないためにはどうすればよいのでしょうか。

　まず，次の言葉を常に肝に銘じておくことです。

> **いかなる成功も家庭の幸せを補うことはできない。**

　そして，「家族と過ごす時間が少ないな」と思ったら，他に充てる時間を家族と過ごす時間に充てる，つまり**後補充をきっちりと行う**ことです。

…効率より充実を優先してキャリアを築く

　イエローハットの創業者である鍵山秀三郎先生の言葉に「大きな努力で小さな成果」というものがあります。これは「効率」という点から言えばまったく正反対のことになります。「効率がよい」というのは，「小さな努力で大きな成果」が上がることだからです。

　鍵山先生の言われる言葉の真意はどこにあるのでしょうか。
　それは，**効率ばかりを求めることへの警鐘**ではないでしょうか。

　効率化というのは，無駄を省くということです。この無駄が曲者です。無駄とは「行なっただけの効果がないこと。役に立たないこと」です。では，行っただけの効果のない，役に立たないことは本当に悪いことなのでしょうか。そこには，自分の都合に合わないもの，自分の役に立たないものは切り捨ててしまう，自分中心，利己という顔が見え隠れしています。

　人はだれでも自分がかわいいものです。ですから，自分中心になり，利己的な考えになってしまうこともよくあります。私自身もそうです。
　面倒な仕事があれば愚痴をこぼし，仕事を任せた人が思うような結果を出してくれなければその人をなじり…，そうやって自分中心に物事を考えてしまいがちです。
　しかし，役に立たないというのは，自分にとって役に立たないというだけで，他のだれかの役に立っているかもしれません。効果がないというのも，自分の思い描いた効果がないだけで，だれかにとっては効果的だったかもしれません。**雨が降って出かけられないのを嘆く人もいれば，作物にとっての恵だと喜ぶ人もいる**のです。

　そのようなことを考えれば，効率だけを求めていれば，やがてどこかで歯車が狂ってきます。そういうことを戒める「大きな努力で小さな成果」なのではないかと思います。

　例えば，それまで精一杯教材研究をし，精一杯授業をしていた先生がいたとします。そのときの授業のレベルを仮に50としましょう。経験を重ねるうちに，この先生の授業力はアップします。やがて，それまでの8割程度の力でそれまでと同じレベル50の授業ができるようになるでしょう。

　効率という点から考えれば，授業が効率よくできるようになったという言い方も可能です。このとき，余力となった2割の力をさらに教材研究や授業に注ぎ込めば，やがてこの先生の授業のレベルは60になり70になっていきます。

　しかし，8割の力で今までと同じ授業ができるのだから，残った2割は手を抜いてしまおうと考えるかもしれません。そうなると，この先生の授業のレベルは60にはならないでしょう。50のままか，もしかしたら49，48と下がっていくかもしれません。

　効率を追い求め過ぎることの危険性はここにあります。**「小さな努力で大きな成果」を得ることができると，人間は全力を出さなくなる嫌いがある**ということです。もちろん，それまで全力でがんばってきたのですから，休養も必要です。余った2割の力を少しの間休養に充ててもよいでしょう。危険なのは，休養がずっと続いてしまうことです。そうなると，もう本気を出さなくなります。結局自分が小さくなり，成長ができなくなるのです。

　手に入れるものよりも大きな努力をしよう，と発想を転換してみます。効率よりも充実です。

　効率を追い求め過ぎず，無駄な努力を切り捨てず，力を尽くして充実した仕事をしましょう。そしてキャリアを築きましょう。

原則を決めて
時間を生み出す

人の評価を気にし過ぎない

私たちはまわりの人の評価を気にしながら生活をしています。ある程度気にするのは仕方のないことです。必要でもあります。しかし，評価を気にし過ぎるあまり，やらなくてもよい仕事まですることになっていないでしょうか。

「いい人だと思われたい」を捨てる

みなさんは，まわりの人からいやな人だと思われたいですか？　それとも，いい人だと思われたいですか？

聞くまでもありませんよね。何か特別な事情でもない限り，いい人だと思われたいに決まっています。

いい人だと思われようとして，少しだけ手伝ってあげる。嫌なことでも少しだけ我慢してみる。少しだけいつもの自分よりもがんばってみる。それで自分を成長させることができたとすれば，とてもよいことです。

しかし，いい人だと思われたくて，自分も手一杯なのに手伝ってあげる，心が折れそうなほどひどい扱いを受けたのに我慢する，体を壊しそうなほどがんばっているのにさらにがんばる，こんなことになっているとすれば，「いい人だと思われたい」というその思いはなるべく早く手放すべきです。

いい人だと思われたくて，自分を偽って無理をする人のまわりには，いい人だと思われたい人を自分の利益のために利用しようとする人が集まるのです。その結果，いい人だと思われたい人は心身をすり減らしていきます。

そうならないように，いい人だと思われたいために無理していないか，自

分自身を振り返って考えてみてください。そして，もしもそのために時間と体力を奪われているとしたら，その思いをすぐに手放すことをおすすめします。

自分の力には限界がある

では，どうすればその思いを手放すことができるのでしょうか。

その方法の１つが，**自分の力の限界を知る**ということです。

今みなさんが，まわりからいい人だと思われようとしたら，どんなことができるでしょうか。まわりの人をほめる，仕事を手伝う，いつも親切にする，などいろいろと思いつくでしょう。

これらは一見すると有効な方法に思えます。しかし，これらをどんなにがんばったとしても，それによってまわりの人からいい人だと思われるという確証はありません。また，まわりの人の本心を知る方法もないのが普通です。

自分でできる範囲には限界があります。相手の感じ方，考え方は自分の力の及ぶ範囲ではありません。**相手からの評価がどんなに気になっても，相手の心を変えたり，本心を知ったりするのは難しい**ことです。

そういうことを気にするあまりに，無理をしてヘトヘトになってしまうのはよくありません。それを気にせず，自分のできることやするべきことを誠実にやるということに価値を見いだしてはいかがでしょうか。

人の評価を気にしないことに決めれば，やらなくてもよい仕事も見えてくるはずです。

> 断ると嫌われると思うから，余計な他人の仕事を引き受けてしまう。その結果，多くの仕事を抱えて疲れ果てることになっていないだろうか。いい人だと思われたい気持ちを手放せば，その呪縛から解放される。

休日出勤は
しないと決める

休日に出勤をしている教師はかなり多いでしょう。休日がなくなってしまうのですから，多忙感もさらに増すことになります。休日にまで出勤をしないで済む方法はないのでしょうか。

休日出勤は実は非効率的

　かく言う私も，過去には休日出勤をしていました。

　休日出勤にはなんとも言えぬよさがあるのも確かです。

　何しろ丸々一日を，自分のペースで自由に使えるのです。いつもとは違う時間の流れの中で，ゆったりとした気持ちで落ち着いて仕事をすることができます。ともすると，その魅力（魔力？）にとりつかれ，休日出勤を繰り返す，というようなことにもなりかねません。

　しかし，実は休日出勤は非効率的でもあります。

　まず，学校までの往復の時間がかかります。当たり前ですし，毎日通っているのでさほど意識しないかもしません が，出勤しなければその時間を別の仕事に充てることができます。

　次に，時間があり過ぎることにより，無駄な時間が発生します。

　時間に余裕があるからのんびりやろう。

　少しくらい休憩しても時間がたっぷりあるから大丈夫。

　このような思考に陥り，結局は通常よりも時間がかかってしまうのです。**時間がたっぷりあることによる意外な弊害**です。

🕐 しないと決めればやる気が出る

　休日出勤をなくす方法は簡単です。

　休日出勤はしないと決断するのです。

　この「決断する」ことが大事です。

　休日出勤ありきで普段から仕事をしているとどうなるでしょうか。

　仕事が終わらなくても休日に来てやればいい。

　休日にやるから今日はやらなくてもいい。

　このようなことを考えてしまうのではないでしょうか。

　その結果，集中すれば終わった仕事も終わらず，せっかくの放課後の時間を無意味に過ごすことになりかねません。

　反対に，休日には出勤しないと決めれば，「今日の〇時までに仕事を終えて帰らなければならない」「今集中してやってしまわないと終わらない」といった意識が働き，集中して仕事に取り組めます。その結果，普段よりも短時間で仕事が終わることもあるでしょう。

　そうは言っても，休日出勤をしないと不安だという先生もいるでしょう。

　大丈夫です。

　出勤しなくてもなんとかなります。一度やってみればわかります。

　時間を効率よく使うためには，決断することも大事です。

「仕事が忙しくて休日出勤をしないと間に合わない」と思い込んでいる教師は多い。いつまでも休日出勤に頼っていると，この思いを断ち切ることはできない。休日出勤はしないと決断することが必要だ。

お金で時間を買う

世の中には，人が面倒に思う仕事を代行してくれる商売があります。引っ越しや宅配サービスなどです。教育の分野でも，お金をかければ時間や手間を節約できる場合があります。利用価値が高いものは利用しましょう。

⏰ 時間はお金で買える

　命，時間，人の心。

　これらはお金で買えないものの代表と言ってもよいと思います。ですから，「時間はお金で買える」と言われてもピンと来ないでしょう。

　実はこういうことです。

　私が以前使っていたシェーバーは，私の誕生日に2人の息子が買ってくれたものです。うれしくて実に10年も使っていました。

　ところが，10年も使っていましたので，当然のように刃が摩耗してきれいに剃れなくなっていました。剃れない刃できれいに剃ろうとするので，同じところを何度も剃っていてとても時間がかかりました。

　あるとき，妻が「10年も使ったのだから，そろそろ新しいのに買い替えたらどう？」と言います。それで，新しいのはもったいないと思っていた私もその気になり，シェーバーを買い替えました。

　そうしたらどうでしょう。新しいシェーバーは驚くほどよく剃れます。まるで剃刀で剃ったような剃り心地です。あっという間に剃り上がります。それまで7，8分かかっていたヒゲ剃りが半分の時間で終わります。

　これは言うなれば，**新しいシェーバーの代金で，毎日数分の時間を買った**

例です。

🕐 費用対効果を考えて

　これはシェーバーの例ですが，仕事で使うものでも同様のことが言えます。いくつか例をあげてみます。

コピーして使える宿題プリント集などの実用本

　宿題プリントを毎回つくるのは大変な手間です。一方，市販のものを使えば，印刷の手間だけで済みます。多めに刷っておけば数回使えます。

同じ文房具を数セット

　お気に入りの文具を数セット用意し，あちこちに置いておきます。いちいち探したり取りに行ったりする手間と時間が省けます。

コピー機能つきプリンター

　教室に1台置いておくと大変便利です。プリントが1枚足りないとき，サッとコピーできます。いざとなれば，学習プリントのコピーも可能です。

プロジェクター

　教室に自分用のプロジェクターがあると大変便利です。

　これらは，あれば便利なものですが，高価なものもあります。費用対効果が高いかどうかを考えて，本当に必要かどうかを判断するとよいでしょう。
　それでも，お金をかければ時間を節約できる場合があるということを，いつでも頭に入れておくとよいと思います。

> 時間はお金では買えない。しかし，お金を使って時間を節約することはできる。費用対効果が高いものは積極的に活用することも，時間を効率よく使う方法の1つだ。

お願いします

自分で
なんでもやらず，
人に任せる

仕事を人に任せることに罪悪感を覚えてしまうことがあります。責任感の強い先生に多いようです。その結果，なんでも自分で抱え込んでしまい，苦しくなります。その罪悪感から解放されましょう。

自分の担当以外の仕事は振り分ける

まず，それが自分の仕事か他者の仕事かを考えましょう。余裕があるときに他者の分まで仕事をするのは，悪いことではありません。しかし，自分に余裕がないときまでも他者の仕事を引き受けていたのでは，仕事の質そのものが落ちるでしょう。質を落とさないなら，自分の健康を害するか，家族にしわ寄せがいくでしょう。いずれにしてもよいことはありません。

日本人は課題の分離が苦手だと言われます。**「これはあなたの課題だから私は手を出さない」とドライに割り切れない**のです。その結果，お互いにうまくいかなくなることもあります。自分の課題は自分で解決するのが最もよいのです。

自分の仕事でない仕事は担当者に任せましょう。**任せることで，担当者にも達成感を味わうチャンスが生まれる**のです。

目標達成のための経験となるか

しかし，場合によっては，自分の仕事であっても他の人に任せなければならない場合があります。自分の仕事が手一杯で，これ以上の仕事ができない場合や，他に適任者がいる場合です。

　もっとも，仕事を人に任せるとは言っても，なんでもかんでもやみくもに任せてよいわけではありません。当たり前のことです。面倒な仕事だからといって，だれかに任せてしまえば，「自分勝手で仕事をしない主任」などというレッテルを貼られてしまいます。そうなっては，今後の仕事に差し支え，任せた仕事以上の労力を払うことになりかねません。

　人に任せてもよい仕事と，任せてはならない仕事があります。任せてもよい仕事を任せるわけです。

　任せてもよい仕事の条件はなんでしょうか。それは，**任された教師が，自分の目標を達成するために，その仕事が役立つ経験となるかどうか**です。そこを考えて仕事を任せれば，若手を育てることにもなります。

🕐 対価を払う

　では，そうではない仕事を任せなければならない場合は，どうしたらよいでしょうか。そういう場合もきっとあると思います。

　そんなときに**絶対にやってはいけないのが，先輩風を吹かせて頼んでしまうこと**です。頼むというのは，本来は断られても仕方のないことですが，この場合は強制と同じことになってしまうからです。

　そこで，どうするか。対価を払って依頼するのです。つまり，アウトソーシングです。そしてもし断られたら，また別の人に依頼します。こうすれば，だれかが引き受けてくれるでしょう。対価を払い，しかも断ることも可ですので，悪いレッテルを貼られることもありません。

> 仕事を任せることも時には必要。なんでも自分でやることがよいのではない。ただし，やみくもに任されたのではまわりは迷惑。相手のことを考えて，時には対価を払うことも大事である。

探す時間を決める

仕事をしていると，何かを探すということが頻繁にあります。文書を探す，データを探す，届け先を探す…など。しかし，探すのに時間をかけすぎたのでは本末転倒です。

探している時間は長い

十数分前に見ていた文書が見当たらない。どこを探しても見つからない。この机の上から移動させた覚えはないので，どこかに必ずあるはず。でも，見つからない。魔法のように文書が消えてしまったとしか思えない。時間ばかりがどんどん過ぎる…。

こんな経験がだれにでもあるのではないでしょうか。

探し物は探しているときには見つからない。探すのをやめると見つかる。
まるで，メーテルリンクの青い鳥のようです。

また，自分が作成する文書の参考にするため，他の人が作成した文書を探す場合もあります。状況が悪いと，どこにあるかわからず，見当をつけて探さざるを得ないということもあります。

そうなると，ますます時間がかかります。時間をかけても見つかればよいのですが，ついに見つからないということもあり，徒労感を覚えます。

早めにあきらめる

探すことにかける時間を節約しましょう。考え方を少し変えてみます。

「探し出す」から「早めにあきらめる」へ。

どうしてもそのものを探し出さなければ，代わりがないという場合は無理ですが，そうでないならば，なるべく早めにあきらめるというのも有効な方法です。

文書作成の参考にするなら，それはあきらめて自力で作成します。その方が新たな視点でよい計画になることがあります。報告文書がどうしても見当たらないなら，あきらめて，他の学校にコピーを送ってもらいます。それで間に合わないならば，教頭先生にお願いして教育委員会に話してもらいましょう。

このように，早めにあきらめることを意識すると，探す時間は大幅に短縮されます。そして意外にも，**それで大きく困ることは少ない**ものです。

🕐 探す時間を決めておく

早めにあきらめるコツは，探す時間をあらかじめ決めておくことです。

私は，何かを探し始めるときに，**「15分探して見つからない場合はあきらめる」「今から20分だけ探す」**というように決めます。そして，見つからない場合はすっきりさっぱり切り替えて，自分で一からつくったり，別のもので工夫したりします。

普段から心掛けておくと，だんだんと抵抗がなくなってきます。

探す時間をなるべく短くすることが仕事の効率化につながる。早く探す技術，なくさない技術も大事だが，「探す時間を限定する」という発想の転換もかなり有効である。

助かる！

手練れに頼んで
対価を支払う

職員室には自分よりも仕事ができる人がいます。分野を狭くすれば，その数もぐっと増えます。ある分野の技術に長けた人のことを「手練れ」と言うことがあります。手練れに仕事をお願いしましょう。

🕐 イラストをかいてもらう

　私の体験です。

　研究の成果をまとめて冊子をつくることになりました。文字だけでは味気ないので，イラストを入れようと思いました。

　市販のイラスト集やネットのフリーイラストを探したのですが，なかなかその場面にぴったりのものは見つからないものです。面倒だからあきらめようかとも思いました。何より，**そうやって探したり適当かどうか考えたり，やるかやらないか迷ったりしている時間が無駄**です。

　そんなとき，職員同士で話している声を耳にしました。

「このイラスト，〇〇先生にかいてもらったのよ」

「上手ねえ。プロ並みじゃないの」

「そうなのよ。それも10分くらいであっという間よ」

「特技があるっていいわよね」

　おや？　〇〇先生がそんな特技をもっていたとは知らなかった。その力を貸していただけたら，今の悩みは一発で解決です。

　私は早速その先生のところに行って，事情を話しました。先生は謙遜され

ていましたが，私が困っていることをお伝えし，線だけの簡単なものでよいのでとお願いすると，引き受けてくれました。強要にならないように，十分に配慮して話しました。

🕐 対価というよりお礼として

先生は，7，8点のイラストをあっという間にかいて，翌日届けてくれました。研究内容を知っていますので，その場面にぴったりの構図や表情のイラストです。本当にうれしくなりました。

そのとき，私はその先生に幾ばくかのお金をお礼に差し上げました。先生は恐縮して受け取ろうとしませんでしたが，時間と労力に対する正当な対価だと思うので，受け取ってもらいました。

対価という言葉を使うと，ドライでビジネスライクな印象を受けますが，お礼と言えばぐっと柔らかくなります。

このようにして研究のまとめにイラストが入り，文字だけの味気なさが緩和されました。

自分で四苦八苦してイラストを選んだとしても，また，イラストを入れることをあきらめたとしたら当然のこと，このような満足感は得ることができなかったと思います。

このように，**自分の苦手なことは，対価を払って手練れに頼む**というのを選択肢の1つにもっているとよいのではないでしょうか。

> 自分が苦手な仕事は，時間もかかるしストレスもかかる。手練れの同僚がいるなら，対価を払ってその力を借りることで，時間とストレスを軽減しよう。

60点を目指す

自分の仕事に100点満点で点数をつけるとすると何点でしょうか。それとは別に，自己評価で何点の仕事をしたいと思いますか。80点，90点の仕事を目指していると，結構大変です。

完璧を目指す習性

　私たち教師は，日頃から子どもたちに「努力」「向上」「自律」「克己」などを説いているからなのか，精一杯の力を出さないことに対して罪悪感をもっている人が多いと思います。

　もちろん，それらは生きていくうえで大事なことです。道徳の内容項目にも入っていますし，いくつかは行動の記録の観点でもあります。それを奨励している教師が自らはそれを目指さないというのでは，子どもたちを教え導くうえで，本領が発揮できないかもしれません。

　ですから，**教師はそれを目指すことを当然のように考えているところがあります。**いわば，教師には完璧を目指す習性があるのです。

習性ゆえの苦労

　ところが，この習性ゆえに苦労していることもあります。それは，必要のない完璧さまで求めてしまうということです。本来は60点の出来でよいところを，それでは満足できなくて80点，90点を求めてしまうのです。

　みなさんにもそういうことがありませんか。

　例えば，異学年交流を深めようとして，「兄弟学級ふれあい活動」などを

計画したとします。担当者は実施計画書を作成します。

　このとき，必要以上に計画書の体裁を整えようとしていないでしょうか。書体を変えてみたり，イラストを入れてみたり，全体のレイアウトを工夫してみたり，別の言い回しを使ってみたり。

　しかし，**大事なのは計画の内容なのであって，体裁ではありません**。計画書は最低限，内容がわかればいいのです。60点の出来でも問題はないのです。ところが教師は，どうしても80点，90点を目指してしまいます。そのために，必要でない時間と労力を費やしてしまいます。

🕐 60点で無問題

　この完璧を目指す習性を忘れてしまいましょう。実際，80点，90点でなくても60点で十分という場合が多いのです。

　試しに，何かの実施計画を作成するときに，「まぁこの程度でいいか」というところで終えてみてください。必要以上に見栄えを凝ったり，表現を工夫したりしないで，回議してみましょう。多くの場合，そのまま通るか，多少の訂正で済むはずです。

　私にも経験がありますが，**表現の仕方や見え方の違いは，見る人の好みや思い込みに起因することがとても多い**のです。時間をかけても，受け入れられるかどうかは運任せの部分があります。

　時間が潤沢にあるときは完璧を目指してもよいでしょう。しかし，そうでないなら，60点主義で時間を節約しましょう。

> 必要とされない完璧さは目指さず，60点主義を心がけよう。60点でもだいたいは大丈夫なものだ。節約した時間と労力は，完璧さが必要とされる仕事に向けるとトータルで仕事が充実する。

自分ルールを決める

どちらを選択するか迷うことはよくあります。どちらかが必ず正しいことがわかっていて，それを時間をかけて判断するという場合は別ですが，どれを選んでも大差のないときなどは，もっと簡単に選べると効率的です。

選択の余地をつくらない

アップルの共同創業者，スティーブ・ジョブズを思い浮かべてください。おそらく多くの人の脳裏に浮かんだスティーブ・ジョブズは，同じ服装をしているでしょう。そうです，黒のタートルネックにジーンズです。靴はスニーカーでした。

オバマ元アメリカ大統領も，いつも同じようなスーツを着るそうです。画像検索をして見てみると，例外はありますが，なるほど同じような色のスーツが多いです。Facebook の CEO，マーク・ザッカーバーグも，グレーの T シャツや，黒のパーカーが多いです。

その理由はなんでしょうか。

どうやらそれは，**決断の機会を減らすため**のようです。何を食べるか，何を着るかなどの小さな決断でも，毎日繰り返すことでかなりのエネルギーを消費します。ですから，そのような重要ではない決断にエネルギーを使わないためだそうです。

私たちは，アップルの創業者にもアメリカ大統領にも Facebook の CEO にもなれませんが，彼らの考え方を取り入れることはできます。つまり重要ではない選択をしないで済むように，選択の余地をつくらないということで

す。

　例えば，学校で着る服に決まったものにする，飲み物はいつもストレートティーにする，飲み会で二次会には行かない…といったことを決めておけば，選択のためにエネルギーを使うことがずいぶんと減ります。

🕐 原則を決めておく

　選択の余地をつくらないという他に，原則を決めておくという方法も有効です。この場合は，選択する余地はあります。また，そのために多少の時間も使います。しかし，**エネルギーを使いすぎないためのリミッターを原則として決めておく**のです。

　例えば，文書作成の参考にするために以前の文書のデータをサーバーから探すとします。検索がうまくいってすぐに見つけられればよいのですが，そうでないこともあるでしょう。そのときに，探す時間を決めておきます。「10分探して見つからない場合はあきらめて自分で作成する」と決めておくのです。

　また，何かが壊れたときに，ちょっとした修理で済む場合は直して再利用することがあると思います。しかし，思いのほか手間取ってしまうこともあるでしょう。ですから「30分修理して直らない場合は，あきらめて新しいものを買う」と決めておくのです。

　このような原則があると，大きな時間のロスを避けることができます。

　　原則は言わば自分だけのルール。自分でルールを決めてそのルールに則って生活をすることを「自律」と言う。文字通り自分で自分の行動を律する。それができる教師が「できる教師」だ。

第3章

若手を育てて
時間を生み出す

若手を仕事に誘う

若手教師のほとんどは，素直でやる気にあふれています。仕事をお願いしても快くやってくれるでしょう。それによって若手のスキルが向上すれば，正に一石二鳥です。

⏱ オン・ザ・ジョブ・トレーニング

　運動会が近づいていたある日の夕方。勤務時間は過ぎていましたが，職員室には多くの教師が残っていました。

　40代の体育主任が，校庭に子どもが整列する際の目印となるポイントを打ち込もうと，ペグとハンマーと色テープを持って職員室から出ようとしていました。

　彼は校庭に出ようとするときに，
「山田さん，20分くらい手伝ってくれる？」
と，同じ体育部員で，教師歴2年目の若い男性教師に声をかけました。

　山田さんは快く返事をしてさっと立ち上がると，体育主任の方に歩いてきました。

「これから，校庭にポイントを打つんだけど，ちょっと手伝ってもらっていい？」

「はい」

　2人は運動靴に履き替えると，並んでグラウンドに出ていきました。

　職員室から見ていると，体育主任がポイントのつくり方やペグの打ち方，

打ち込む場所などを実地で説明しています。山田さんはそれを真剣に聞いていました。まさに，オン・ザ・ジョブ・トレーニングです。

⏱ ギブ・アンド・テイク

　体育主任は１人でポイントを打つこともできました。

　しかし，手伝ってもらえば時間も手間も半分で済みます。

　大事なのは，このとき体育主任はただ仕事を手伝ってほしいと考えていたのではないだろうということです。彼はこう考えていたはずです。

　「やがて若い山田さんも体育主任となり，学校の体育的行事を担っていくだろう。運動会で目印のポイントをどうやって打っていくのかを，今のうちに教えておくのはよいことだ。それで仕事を手伝ってもらえれば，一石二鳥だ」

　このようにして，体育主任は，**自身の仕事の時間を節約するとともに，若手を育てるという自分の使命も果たすことができた**のです。

　また，手伝った山田さんの立場で考えても，短時間かつ実地に，校庭に目印のポイントを打つ方法を身につけることができたという点で，得るものがありました。

　ギブ・アンド・テイクです。

　仕事を手伝ってもらうとき，その仕事を教えるという意図ももって若手に声をかけよう。一緒に仕事をするだけで，知識や技能を伝えることができる。ミドルリーダーにはそういう視点も必要だ。

目をかけて
手をかけない

若手教師が仕事を覚えてきたら，声をかけてお願いするだけで作業を進めてくれるようになります。そうなったら，ときどき確認するだけで済みます。その分だけ自分の時間が使えるようになるわけです。

🕐 子育てと同じ

　子育ては「手をかけ，目をかけ，心をかける」ことだと言われます。どういうことでしょうか。

　まず，新生児や乳児は，手も目も心もかけて育てます。

　やがて少しずつできることが増えていき，なんでも自分でやってみたくなります。そうしたら，手をかけるのは控え，目と心をかけて育てます。この時期に相変わらず手をかけていると，チャレンジしようとしない子になってしまったりします。ですから，危険な場合は手を出しますが，それ以外は見守るだけにするということです。

　さらに成長してくると，干渉されることを嫌うようになってきます。手をかけられるのはもちろんのこと，目をかけられるのも負担に思うようになるのです。こうなったら，手をかけることも目をかけることも我慢して，姿の見えないところから心をかけるだけにします。

　このようにして，子どもは自立していきます。

　若手教師を育てるのも同様です。

　最初は一緒に同じ作業をします。難しいところは手をかけて教えます。やり方を見せたり，難しいところはやってあげたりしながら教えます。

　慣れてきたら，作業の手順や方法を見て確認するだけで済みます。大きく間違っていたら声をかけますが，小さいところは若手のやりやすい方法に任せます。この確認の回数もだんだんと少なくしていきます。

　つまり，目はかけるけれど，手はかけないようにするのです。**見守るだけで作業が進むので，ミドルリーダーとしては自分の時間が増えることにもなる**のです。

　こうすることで，若手はさらに仕事を覚え，やがて一人前になっていきます。すると，ミドルリーダーは，姿の見えないところから心をかけるだけになります。

🕐 任せる勇気をもつ

　ところで，目はかけるにれども手はかけない，ということがなかなかできないミドルリーダーが少なくありません。

　「任せる勇気」がないのです。

　若手がうまくやれるかどうかが気になって仕方がありません。もっというと，**自分が考えているようにできていないと満足できない**のです。それで，少しでもうまくいかないところがあると，口を出し手を出してしまいます。

　これでは，なかなか若手は育ちませんし，ミドルリーダーにも時間のゆとりは生まれません。ミドルリーダーには，**若手を信頼して任せ，多少の不満足は呑み込む度量が必要**です。

> 若手に仕事を任せることが若手を育てることになる。また，若手に仕事を任せることで，ミドルリーダーにも時間が生まれる。両者がうまくかみ合うことが大切だ。

頼ることで育てる

人は頼りにされると自己有用感をもちます。自己有用感は自信につながります。若手を頼ってみましょう。ミドルリーダーから頼られることで，若手も自信をもち，自分のスキルをさらに磨くことができます。

🕐 若手の得意なことを知る

　若手を頼るとは言っても，なんでもかんでも頼られたら若手も困ってしまうでしょう。絵などかいたこともない若手に，「道徳授業で使う挿絵をかいてほしいんだけど」と頼っても困惑するだけです。これが高じたら，パワーハラスメントになってしまうかもしれません。

　若手を頼る場合，若手の得意なことを頼むのが最もよい頼り方です。ですから，**若手が得意なことを普段から知る努力をしておきましょう。**

　「得意なこと」には，２つの種類があります。
　１つは，ある特定のスキルがあるということです。例えば，イラストをかくのがうまい，エクセルの計算式が自在に操れる，動画の編集がサクサクできる，ダンスをさせたら天下一品，書道の腕前は師範クラス，ピアノがプロ級の腕前，などです。

　もう１つは，特定のスキルではなく，仕事の進め方ややり方全般にかかわるスキルです。例えば，何をやらせてもとてもていねい，とにかく仕事が速い，何をお願いしても楽しくやってくれる，必ず期限を守ってくれる，ミス

が極端に少ない，すべてにおいて平均点以上の仕事をしてくれる，といったことです。

　このように，得意なことがわかれば，若手も頼りやすいものです。若手の得意なことを知る努力が大事です。

困り感を伝える

　若手の得意な分野を知ったら，その得意分野を若手が生かせるような仕事をお願いしましょう。

　このとき，自分が楽をしたいからお願いするというのでは，お願いされた若手も快く引き受けることができません。**「それほど困ってはいないけれど，ちょっと楽ができるからお願いしてしまおうか」では，ミドルリーダーとして失格**です。

　若手を頼るのは次の場合です。
・自分が困っていて，手伝ってもらえるとありがたいとき
・若手に自信をもたせたいとき（若手を育てたいとき）

　本当に困っているときには，どんどん頼りましょう。ただし，若手にも断る自由がなければなりません。

　あえて頼ることで，若手に自信をもたせたいときもあります。ただし，そのようなときでも困り感を伝えることは必要です。

> 若手を頼ることが苦手なミドルリーダーは，まずは「ただ頼るのではなく，若手を育てるために頼るのだ」と考えてみよう。頼り・頼られることは，信頼関係を深めることにもつながる。

若手向けの
マニュアルをつくる

「マニュアル」という言葉にはどこか否定的なイメージがあります。型通りということだからです。しかし，型通りに行うことが必要な状況はたくさんあります。マニュアルを有効に活用しましょう。

若手にわかるように書く

職場には，毎日，毎月，毎年，同じように繰り返される作業があります。職員の打ち合せ，朝の会での健康観察，給食，出席簿の記入，学年会，通知表の作成，遊具の使い方の説明，避難訓練，児童指導要録の作成など，山のようにあるといっても過言ではないでしょう。

これらの作業については，多くの場合，校務分掌担当主任であるミドルリーダーから方針が出されたり，方法が伝達されたりします。伝達は口頭のこともあるでしょうし，文書によることもあるでしょう。

ところで，**ある程度経験のある教師ならわかることでも，経験の少ない教師には真意が伝わらないことがあります。**

例えば，健康観察で「一人ひとりの児童の健康状態をチェックする」となっているとします。経験があれば，子どもの顔色を見て，名前を呼んだときの返事の声を聞き，気になったら声をかけることができます。しかし，経験が浅いとそのような具体的な方法がわからない場合もあります。

そういうことも想定してマニュアルをつくっておくと，若手教師にもやるべきことがきちんと伝わります。また，若手から質問されることも少なくな

りますし，若手がうまくできなかったことを指摘したり，一緒にやり直したりすることも減ります。

　結局，ミドルリーダーの時間が奪われることが少なくなるというわけです。

質問を活用する

　若手にわかりにくい部分はどこか，どのように書けばわかりやすくなるのかについては，ある程度想像することができます。自分の経験を思い出してみるとよいでしょう。

　さらにマニュアルを充実させようと思ったら，若手から質問されたことを加えます。**マニュアルを見せて，わかりにくいところやわからないことを質問してもらう**のもよいでしょう。

　そのようにしてつくった若手向けのマニュアルは，意外にもベテラン教師の役に立つことも少なくありません。

ときどきバージョンアップ

　これは若手向けのマニュアルに限ったことではありませんが，マニュアルはときどき見直してバージョンアップすることが大切です。

　数年前のマニュアルを毎年そのまま提案している，などということがときどき見られますが，それでは対応できない場合も出てくるはずです。古くなるとマニュアルの役目を果たさなくなってくるので，改訂が必要です。

> マニュアルはつくるのが面倒。だからついその場で口頭で伝えて終わってしまう。しかし，それでは同じことが繰り返され，かえって効率が悪くなる。急がば回れ。面倒でもマニュアルをつくろう。

授業を見せる

学校教育の根本は学力の向上にあります。学力の向上は授業を通して行うのが最も効率的です。その意味で，教師はすべからく授業力の向上を目指さなければなりません。

🕐 絶えず研修するのが務め

教育基本法第九条には次のように書かれています。

> 　法律に定める学校の教員は，自己の崇高な使命を深く自覚し，絶えず研究と修養に励み，その職責の遂行に努めなければならない。

ここから「研修」という言葉が生まれたのはご存知のことと思います。

ミドルリーダーであっても，絶えず研究と修養に励まなければなりません。初任者研修や10年経験者研修だけが研修ではありません。そのような機会でなくても，絶えず研修することが求められています。

その研修の中味ですが，授業についての研修が第一に考えられるでしょう。**学校教育の根本は学力向上**だからです。

🕑 見せることの意義

では，そのために何をしたらよいでしょうか。
それはズバリ，授業を見せることです。

授業を見せることには次のような意義があります。

❶教材研究が普段よりもきちんとできる。
❷授業力が向上する。
❸若手教師を元気づけることができる。
❹「自分って立派」と思える。

❶と❷について説明の必要はないでしょう。

❸については，見せる授業がよい授業だったら若手にとってよい勉強になりますし，見せる授業が失敗の授業なら若手は「先輩でも失敗することがあるんだ」と思って，チャレンジを怖がらなくなります。これは，野口芳宏先生の教えです。

❹は，進んで授業を見せる先生は残念ながら少ないのが現状ですから，「進んでそれができる自分はなんて立派だろう」と，自信をもつことになるということです。

🕐 チャレンジする姿を見せる

よい授業を見せられれば，それに越したことはありません。しかし，先に述べたように，よい授業でなくても，若手の参考になることはあります。**若手のために進んで授業を見せるという姿勢が，若手を育てるうえで実は最も重要**なのです。

授業を見せることを避ける教師は多い。だからこそ，積極的に授業を見せる意義がある。進んで授業を見せることで，自分にとっても若手教師にとっても，よい研修の機会となる。

学級経営
↓
学年経営
↓
学校経営

学級経営を
すべて公開する

若手教師と同じ学年を組んだら，自分の学級経営は余すところなく公開して伝えるようにします。その方が，必要なことだけを伝えるよりも伝わりやすいし，若手も参考にしやすいのです。

🕐 学年主任宣言

学年主任だったとき，こんなふうに学年の先生に話していました。

> そろえることが必要なところもあるけれど，原則はそれぞれの先生が自分の持ち味を出して自由に学級経営をしましょう。
>
> それで，私がどんな学級経営をしているかは，忘れない限り全部先生方に公開します。でも，それを真似してやるかどうかは先生方が判断してください。
>
> それから，先生方の学級経営をいちいち私に報告する必要はありません。報告しておいた方がいいかなと判断したときだけ報告してください。

このように原則を確認しておくと，その後の学年経営がやりやすくなります。原則に照らして，それぞれの先生が判断すればよいからです。

🕐 なんでも情報を公開する

原則を示すと，若手教師もいちいちお伺いを立てたり報告したりしなくて済みます。これは，学年主任もそれに費やす時間が節約できるということで

す。**お互いに本当に必要なところに時間と労力をかけることができる**という
わけです。

　そうはいっても，特に初任者の場合，自分でも何が問題なのかがわからず
に，失敗したときに傷口を広げてしまうことがないとも限りません。
　実は**「自分の学級経営はすべて公開する」と宣言するのは，その予防策で**
もあります。
　自分の学級経営をすべて公開すると宣言することで，若手にもどんどん情
報を伝達します。それを選択するかどうかはそれぞれの教師の判断に任せて
いますが，若手にとっては学級経営についての豊富な情報が，リアルタイム
で入ってくるわけですから，自分の学級を経営するうえで大いに参考になり
ます。
　「学級でこんなことをしている」という情報を伝えれば，それに対しての
質問や，やってみてうまくいかなかったことなど，若手からのフィードバッ
クもあります。その結果，情報交流も進み，大きな失敗も未然に防げるとい
うことです。

　若手の学級で問題が起きれば，それを解決するために多くの時間と手間が
かかり，心労も増します。それを未然に防ぐことも，ミドルリーダーの時間
術の１つです。
　その他にも，**学級経営を整理して伝えることが，自分の学年経営スキルを**
向上させることにつながります。それは，将来管理職となったときの学校経
営にも生きてくるでしょう。

> 学級経営に限らず，情報をどんどんと出していくことは，情報の交流そ
> のものを活発化させる。情報の交流が活発になれば，問題を未然に防ぐ
> ことが可能になってくる。

若手は
簡単な仕事で…

学年で得意なことを
分担する

仕事や役割を分担すれば，１人がかける時間を短くすることができ，１人の仕事量を少なくすることができます。同時に，仕事や役割を任せることにもなり，それを通して育てることにもなります。

⏱ RPG のパーティをつくる

RPG とは，ロールプレイングゲームのことです。有名な RPG と言えば「ドラゴンクエスト」とか「ファイナルファンタジー」でしょう。

それらのゲームでは，主人公は「パーティ」を組みます。例えば，安定しているのは「勇者，戦士，僧侶，魔法使い」です。これが「勇者，遊び人，遊び人，遊び人」ではなかなか難しいのです。

「勇者，戦士，僧侶，魔法使い」のパーティが安定しているのは，**それぞれの役割が明確で，それぞれがその役割のオーソリティだから**です。勇者は，各能力はオーソリティに及びませんが，オールマイティの力をもちます。戦士は攻撃力抜群です。魔法使いは攻撃系の魔法に長け，僧侶は防御系の魔法に長けています。

この４人がそれぞれの能力を発揮することで，多くの敵を倒せます。

学年内の役割分担もこれと同じです。学年の教師がそれぞれの能力を最大限に発揮することができれば，最もよい学年経営ができます。

それはすなわち，時間も短縮でき，互いに成長もできるということです。そのためにも，**それぞれの教師に最も適した役割を振り分けることが重要**に

なります。

🕐 先入観を捨てる

さて，どの学校でも学年内の役割を分担していると思いますが，その分担の仕方はある意味適当になっているのも事実ではないでしょうか。どういうことかというと，**分担の仕方が先入観によって決められがち**であるということです。

先入観とは，次のようなことです。

・学年会計は女子の先生，若い先生に任せよう。

・初任者や経験１，２年の先生には簡単な仕事を任せよう。

・理数系は男子の先生に任せよう。

・音楽，家庭科は女子の先生に任せよう。

・PC関係は若い先生に任せよう。

もちろん，これで大きな問題がなければ，悪いことではありません。ただ，**適材を適所に配するという観点から考えると，もっと適切な役割の分担ができる場合も多々ある**でしょう。

そのためには，まず先入観をなくして考えることが必要になります。上記のようなことはひとまず置いておいて，ゼロから考えてみるのです。すると，学年の教師一人ひとりの能力や適性に応じた分担が見えてくるはずです。

学年内の役割分担は「若手は簡単な仕事」「理数系は男性」「音楽，家庭科は女性」などと先入観に基づいて決めがち。各自の能力を見極め，最も適した役割を振り分ける，適材適所を心がけよう。

研修会に誘う

研修会といっても，平日の勤務時間内に無料で行われる研修会ではありません。休日に行われる有料の研修会です。研修会に誘うことが，時間術とどう関係するのでしょうか。

ツーカーの仲

ツーカーとは「つぅと言えばかぁ」という俗語の略です。

由来は諸説ありますが，1人が「つぅことだ」と言えば相手がすぐさま「そうかぁ」と返す，といったように，内容を言わなくても意思が伝わるほど理解し合っている仲ということです。

同じ研修会に参加して学べば，同じ情報を共有することになります。そういう機会が増えてくると，まさに「つぅと言えばかぁ」の状態になってきます。すると，**情報を伝達する時間も手間も短縮されていく**ことになります。

あの実践，やる？

もう何十年も前になりますが，若いころ，先輩の先生に誘われて，地元で開催されたセミナーに参加したことがありました。なんだかよくわからなかったのですが，いつも仲良くしてくれた先輩に誘われたので，遊び感覚で参加したのです。

そのセミナーは，講師が授業や学級経営についてのちょっとした実践を，次々に紹介してくれるものでした。はじめて見たり聞いたりすることばかりで，とても楽しかったのを覚えています。

　その中に，６年生の俳句の実践で，俳句でしりとりをするというのがあって，先輩と２人でおもしろそうだねと話していました。

　翌日の学校で，先輩が，
「あの実践，やる？」
と聞いてきたので，
「今日やってみようと思います！」
と答えました。

　こんなふうに，**同じ情報や話題を共有することで，ツーカーの仲になっていくと，様々なことがやりやすくなりますし，人間関係もよくなっていきます。**
　それはいろいろなところで仕事の効率化につながってくるものです。

🕐 教師力もアップ

　休日の有料セミナーに参加すると，情報が手に入るだけではありません。そこには，志の高い教師が集まります。時間とお金を使って学ぼうとする人ばかりです。
　そういう教師を見たり，そういう教師と話したりすることで，意欲や考え方，技術が向上していきます。

　若手を休日有料の研修に誘うことのできるミドルリーダーは，自ら勉強をしているミドルリーダーだけ。ともに伸びていこうという意識を高くもって，若手を導いていきたいものだ。

環境を整えて
時間を生み出す

職員室環境を
ちょっとだけ変える

ミドルリーダーになると，ある程度自分の裁量で環境を変えることができます。また，管理職に提案しやすくもなります。そういう立場を活用して，職員室環境を変えてみましょう。

ちょっとした環境整備いろいろ

　ストップウォッチが1つの箱の中にいくつも雑然と入っていました。いざ使おうと思っても，いくつあるかはっきりしませんし，ひもが絡まって取り出しにくいのです。

　それで，壁に小さめのヒートン（吊り下げ用の金具）を取りつけ，番号を振って1つずつ掛けるようにしました。これでストップウォッチがいくつあるかひと目でわかりますし，すぐに持っていくことができるようになりました。

　印刷室のテーブルに紙や小物が雑然と置いてありました。何か置くときにはそれを移動させたり，ちょっとした作業をするときには別のところに運んだりしなければなりませんでした。

　余っている版木や板が何年も図工室に放置してあったので，それを使って整理棚（まがいのもの）をつくり，印刷室を整頓してみました。すると，すっきりして，小さいながらも作業スペースができました。

　年度はじめに教頭先生から職員室の配置図が配られ，それに沿って机の移動を行います。いざ移動が終わってみると，高学年の学年主任同士が離れて

いて，何かと打ち合わせがしにくいことに気づきました。

　移動してすぐでしたが，教頭先生に希望を述べたところ，「学年内でやりやすいように動かしてください」と言われました。そこで，学年主任同士が対面になるように配置換えしました。

　各種文書を綴じるフラットファイルは，文書が増えるに従ってどんどん厚くなっていきます。厚くなりすぎて，綴じる限界を超えてしまうこともあります。ナンバーを打って，2冊目，3冊目にすることもあります。いずれにしても使いにくいのです。

　そこで，文書が多い仕事は厚めのリングファイルにしてほしいと，教頭先生と事務長にお願いしました。お金はかかりましたが，大変便利に使えるようになりました。

🕐 だれにとっても便利になることを提案する

　ミドルリーダーという立場は，上記のようなちょっとした職場環境の工夫改善を提起しやすい立場だと言えます。経験もあり，発言権もある程度はあるからです。

　いずれもちょっとした工夫ですが，**1年間を通して考えると，それなりの時短につながります。**

　ただし，**だれにとっても便利になることでなければなりません。**そのような環境改善に気づいたら，勇気をもって管理職に提案をしたり，同僚に声をかけたりしてみましょう。

> ちょっとした工夫で便利になることは多い。「例年通り」という考えが多い職員室では，それを打ち破るのに少しの勇気が必要だが，ミドルリーダーにはそれができる。

学年主任同士連携する

学年の活動は学年主任を中心に計画，実行されます。学年主任の発言権が大きいのです。環境をちょっと変えてみようと思ったとき，他学年の学年主任の協力が得られるとスムーズに事が運びます。

学年主任の総意は全職員の総意

通知表をコンピューターで作成する学校がちらほら出てきたころのことでした。コンピューターで作成した通知表が徐々に保護者にも受け入れられるようになっていました。

高学年の学年主任だった私は，通知表をコンピューターでつくれたら，事務仕事の軽減になるだろうと考えました。そこで，教頭先生に相談しました。

すると教頭先生は，

「確かに，事務仕事の軽減につながりますね。校長先生に相談してみましょう。**ところで，他の学年主任の先生も同じ考えですか？**」

と言われました。

他の学年主任に話もしていなかった私は，

「まだ他の主任の先生には聞いていませんが…」

と答えました。すると教頭先生は，

「では，他の学年主任の先生にも意見を聞いて，先生が集約して報告していただけますか」

と言われました。

そしてこう続けました。

　「学年主任の先生がみんな賛成ならば，ほぼ全職員が賛成と考えてもよいでしょうから，校長先生にも提案しやすいですからね」

　教頭先生に指摘されて，以下のことを学びました。
・新しいことを提案する場合，職員の考えを集約しておくとよい。
・その際，学年主任の総意は全職員の総意と同等に扱われる。

🕐「言い出しっぺ」になろう

　その後，他学年の学年主任に聞いて回ったところ，1人だけコンピューターの操作に自信のない方がいて，全員が諸手をあげて賛成というわけではありませんでした。その方は消極的賛成で，もしそう決まったら頑張るということでした。

　その旨を教頭先生に報告しました。教頭先生は，その意見を携えて校長先生に具申してくださいました。

　その結果，苦手な人もいるので今すぐにというわけにはいかないが，ほとんどの学年主任が賛成しているわけなので，そういう方向で検討を始めることにしてはどうか，ということになりました。

　学年主任の総意の力は大きいと改めて思いました。

　職場環境改善のために，学年主任同士連携しましょう。

　そして，自分がその「言い出しっぺ」になりましょう。

> 「数は力」とはよく言われることだが，それは職員室でも同じである。特にミドルリーダーが集まれば，その影響力は大きい。上手に連携して環境を改善していこう。

若手の愚痴を聞く

「優秀な教師とは，学校を休まない教師だ」と若いころ校長先生から伺ったことがあります。確かに，学級担任の先生が休むと学校は大変です。それが低学年の担任だったりすると，さらに大変です。

場を設定する

　最近は，子どもたちも保護者も，昔より格段に対応が難しくなっています。対応に追われて1人で悩んでいる若手教師がいないとも限りません。思い詰めて学校を休んでしまったり，元気がなくなったりしてしまうと，今度はその教師への対応で時間が取られます。

　そうなる前に若手教師の悩みを聞き，早めに手を打ちましょう。

　まず，話を聞く場を設けることが必要です。この場は**インフォーマルであることが大事なポイント**です。公的な場では本音は出ないからです。

　お手軽なのは，放課後ふらっと教室に行って世間話をすることです。最後まで世間話で終わったとしても，距離感を詰めることができます。将来の相談への足がかりができます。

　数人で一緒にお茶をしに行ったり，飲み会を設定したりしてもよいと思います。その場合は，若手教師を複数誘います。

愚痴を聞く

　以前，職員室で子どもたちについての愚痴を言いまくっているベテラン教

師がいました。

　「そんなに愚痴を言うなら教師をやめたらいいのではないか」と私は内心腹を立てていました。かと言って，その教師に注意をすることはできません。黙って聞いているだけでした。

　あるとき，そのことを教務主任に話しました。なんのことはない，私も愚痴を言っているわけです。

　憤慨する私に，教務主任が言いました。

　「山中さん，それでいいんだよ。子どもの聞いていないところでたくさん愚痴を言えば，言った人はすっきりするだろう。そうして，すっきりして教室に行き，笑顔で子どもたちと向かい合えばいいんだ」

　目から鱗が落ちるようでした。

　「なるほど，そういう考え方もあるなぁ」と妙に納得しました。

　若手教師の愚痴を聞きましょう。そのためには，愚痴を言ってはいけないような，以前の私のようなポーズをとってはなりません。**自ら進んで愚痴の1つも言ってみるくらいがよい**のです。

　そうして，若手が愚痴を言えるような雰囲気をつくりましょう。すると，若手の悩みがわかります。そこで適切なアドバイスができれば，若手を育てることにもつながります。

多くの人は「弱音を吐くな」「愚痴を言うな」と育てられてきている。特に若手教師はそう思い込んでいることが多い。愚痴や弱音が吐ける職場や人間関係をつくることも大事なことだ。

息抜きができる場所や時間をつくる

おいしいものを食べると幸せな気分になります。幸せな気分になると，リラックスして本音も出やすくなります。ちょっとした息抜きの場，息抜きの時間をつくってみませんか。

🕐 お菓子を配る

放課後になって子どもたちがいなくなると，職員室も，ちょっとお菓子をつまんでもいいような雰囲気になります。そんな雰囲気になったら，お菓子を配ってみましょう。

この人には配って，この人には配らなかった，となると面倒なので，少し考えてください。同じ学年の先生とか両隣の先生などが無難でしょう。

ただ，お菓子を食べるのは禁止という学校もあるかもしれません。そんな学校でもおいしいお茶を飲むぐらいは大丈夫でしょう。であれば，ハーブティーなど，ちょっとしゃれたお茶をいれてみるのがおすすめです。

そのお金はどうするか。もちろんポケットマネーです。**ポケットマネーで買って配るというのが大事なところ**なのです。

会費制でお菓子を買っている学校もあると思いますが，それはそれでよいのです。それとは別で，たまにミドルリーダーがポケットマネーでちょっとお菓子を振る舞う。それで会話がはずみます。

会話がはずんで少しリラックスできれば，それだけでも OK ですが，そ

のうえで悩みや愚痴が聞けたら最高です。愚痴を言うだけで心が軽くなりますし，学年主任であれば，その中から大事な情報を得ることができるかもしれません。

🕐 屋上に行く

お菓子は職員室で食べてもよいのですが，場所を替えるとさらに気分がよくなります。

私はよく屋上に上がりました。

屋上はとても気分がよいものです（ただし気候のよい時期に限ります）。

屋上に椅子を持って行き，座っておいしいお菓子を食べる。

想像しただけでも気分がよいですよね？

「そんな時間はない！」と思う人もいるかもしれませんが，**思い切ってとにかく一度やってみると，意外とそれぐらいの時間はなんとかできるもの**です。職員室にいて，意識はしていなくても，それなりにおしゃべりをしている時間はあるものです。

お気に入りのスペースになったら，「今日の放課後は屋上茶話会だ」というだけで気分よく出勤できるかもしれません。

屋上に上がれない学校の場合，どこか眺めのよい教室とかベランダとかを見つけてみてはいかがでしょうか。見つけることも楽しんでみるくらいの心のゆとりがあるといいですね。

「学校で息抜きするのは不謹慎だ」と思っているとしたら，その思いをいったん捨ててみよう。楽しくやることと真面目に一生懸命やることとは，相反することではないのだから。

学年の打ち合わせを3分で行う

学年同一歩調 ✕

統一は最小限 ◯

打ち合わせは大事です。でも，打ち合わせは意外に時間を喰う虫です。打ち合わせの本質はなんでしょうか。メンバーが戸惑うことなく行動できるための情報の交流です。そう考えれば，いつでもどこでもできます。

🕐 廊下で短時間のうちに

職員の打ち合わせを週に2回程度しか行わない学校が増えています。

朝はなるべく早く教室に行って子どもたちを見るためです。朝からトラブルが起こることが多いからです。

ですから，教室に行くタイミングは学級担任によってまちまちになります。

そうなると，朝，学年の先生と打ち合わせをする時間がうまく取れません。それで，放課後に改めて打ち合わせをしたりします。その結果，ますます忙しくなってしまいます。

そこで，

「打ち合わせは，朝の会の前に廊下で3分で」

と決めてしまいましょう。これでほぼ困りません。

学年の打ち合わせは，学年の教師が戸惑うことなく行動できるようにするために行うものです。したがって，ほとんどが伝達や確認です。

学年主任として，次のことを把握していれば，短時間で終わります。

・学校として決まっていることの伝達

・学年主任が決めても差し支えない内容の伝達（同意・確認）

・各教師の裁量で行って差し支えない内容の伝達

　もちろん，これ以外の細かい説明や協議のように時間のかかることは，時間を取って行います。

⏰ 統一は最小限

　しかし，「打ち合わせはきちんとやるべきだ，打ち合わせに時間がかかるのは仕方がない」，そう考えている教師が実は意外に多いものです。

　それは「学年同一歩調」にこだわるからです。そろえようとするからです。

　なぜそろえようとするのでしょうか。

　それは，同じようにしないと不安だからではないでしょうか。「赤信号，みんなで渡ればこわくない」のように，全員でやっていれば自分だけの責任にはならないからです。

　しかし，その同一歩調へのこだわりが若手教師の成長を阻み，無駄に時間をかけることにもなっているとしたら，見直してみてもよいのではないでしょうか。

「統一は最小限に。その他は各学級担任の裁量で」

　このように決めておけば，打ち合わせの時間は短くて済みます。また，若手の創意工夫を阻むこともありません。若手が実践意欲に燃えて多少無茶なことをしても，それを高所から見守る度量がミドルリーダーには必要ではないでしょうか。

　学年での打ち合わせの時間が少なからず必要で，そのために忙しさを感じているのなら，「学年同一歩調」を一度見直してみよう。すると，打ち合わせの時間は短くなり，学年，学級経営の自由度が増す。

どちらでもＯｋ

小さな改革を
積み重ねる

校務分掌事務は，前年の通りに行うことが，当たり前のようになっています。多少不便だと思っても，そのまま踏襲してしまいます。これを見直すことが時短につながります。

🕐 小さなことから見直す

　校務分掌の方法を変えると言うと，いかにも「改革」という感じがします。

　でも，実際のところ，そうそう改革などできるものではありません。改革にはエネルギーが必要です。たとえよいアイデアがひらめき，改革の先に改善があるとわかっていても，その改革に費やすエネルギーを考えると，「まぁこれでいいか」と思ってしまいます。

　それが普通です。

　しかし，それでは何も改善しません。

　そこで，こう考えましょう。**なるべく小さな改革をしよう**と。

　小さな改革ならば，少しのエネルギーで行うことができます。大きな負担はありません。大きな変更もありませんから，受け入れられやすいでしょう。

🕐 入力のひと手間を省く

　行事の反省やアンケートを手書きで出してもらっていました。それを各担当者が PC で打ち直してデータにしていたのです。

　これを最初から PC で入力してもらうことにしてはどうかと考え，みな

さんに提案してみました。各先生のファイルをつくり，そこに書いてもらうようにしました。これでコピー＆ペーストをすることができます。実際に時短につながりました。

　ただし，PCに不慣れな方のために記入用紙も用意しました。手書きでもOKとしたのです。

　研究授業の記録を，写真と逐語録で残していました。ところが，逐語録には大きな労力がかかるわりに，あまり活用されていませんでした。研究主任だった私は，逐語録をやめ，最終的な板書の写真を記録とすることを提案しました。あとは参観者にメモをとってもらいました。

　心配する方もいましたが，やってみるとこれで大きな問題は起きませんでした。

🕐 WIN-WIN で

　このような小さな改革であっても，配慮することがあります。

　1つは，**ある程度の根回しをしてから行う**ということです。具体的には，学年主任を中心に前もって話をし，賛同を得ておくということです。

　もう1つは，**その改革を行うことで，かえって負担や手間が増える人が出ないようにする**ということです。先のPCでの入力の場合，全員必ずPCで入力するようにしてしまうと，PCに不慣れな先生の負担がかえって増してしまいます。

　そのようなことがないように配慮することが大切です。

> 改革は必要だが，その改革によって新たな軋轢が生まれてしまっては意味がない。その点，小さな改革ならばリカバリーもしやすい。小さな改革を積み重ねていこう。

惰性でやっている仕事を見直す

なんでも例年通り，昨年通りにしていると，無駄なことを惰性で続けてしまうことがあります。それに気づいたら，思い切って省くことを提案してみましょう。無駄が省かれれば大きな時短につながります。

🕐 各自の仕事は各自で

なくしても差し支えない仕事で多いのが，**一人ひとりがやればよいのに，わざわざ担当者を決めてやる仕事**です。

例えば，私が勤務する地域では日直勤務というのがあります。校舎の解錠や施錠を職員が持ち回りで行っています。

これはよいのですが，この日直の仕事に，「朝，職員にお茶をいれ，放課後カップを洗う」「職員室の個人のゴミ箱のゴミを集めて捨てる」などの作業が加わっていたことがあります。

お茶いれもゴミ捨ても自分でやることにすれば，この仕事は必要なくなります。つまり，日直の仕事が減るのです。もちろん，お茶がいらない人はいれなければいいし，毎朝ゴミを片づけるのが面倒な人は，まとめて捨てたり，ゴミを出さないようにしたりすればよいのです。

🕐 会議を見直す

もう1つ，なくして差し支えないものが多いのが会議です。会議は必要だから行うものですが，「この時期にこの会議をすることになっている」とい

う考えで，特別必要ではないのに行っている会議がときどきあります。

　以前勤めていた学校では，校務分掌の反省と改善のための会議を毎学期末に行っていました。それ自体は意義のあることです。しかし，その会議の結果が教育課程や学習指導に生かされることはほとんどなく，生かされたと言えるのは，３学期末でもある年度末の会議ぐらいでした。

　そこで，１学期末と２学期末の会議をなくしてはどうかと教務主任に相談してみました。すると，いきなりなくすのは心配だということだったので，段階的に翌年は１学期の会議をなくし，さらに翌年には２学期の会議もなくしました。
　それで何も支障はなく，あまり意味のなかった会議が２つ減りました。

🕐 提案しない限りなくならない

　教育の現場では，何かを新しく始めることは比較的やりやすいのですが，何かをやめることは言い出しにくい雰囲気があります。しかし，だれかが言い出さなければ何も変わりません。
　ミドルリーダーは，現場の只中にいるうえ，それなりの経験と発言力があります。
　そういった意味で，他の職員が言い出しにくいことを提案していくこともミドルリーダーの重要な役割ではないでしょうか。

　各自でできるのにわざわざだれかが集約している仕事や，「会議のための会議」は，省きやすい仕事の代表格。何かをやめることは言い出しにくいが，それを切り出すのもミドルリーダーの役割。

第5章

発想の転換で
時間を生み出す

やりがいを高め多忙感を減らす

多忙 ≠ 多忙感

多忙でも「多忙感」を覚えないときがあります。仕事が楽しいとき，仕事にやりがいを感じているときです。そういうときは，忙しくても充実していますから，あまり辛いとは思いません。

🕐 多忙感を覚えない人

「多忙」と「多忙感」は異なります。

「多忙」は忙しいこと，「多忙感」は忙しいと感じることです。

ということは，次の人がいるということです。

❶「多忙」で「多忙感を覚える」人

❷「多忙」だが「多忙感を覚えない」人

❸「多忙ではない」が「多忙感を覚える」人

❹「多忙ではない」ので「多忙感を覚えない」人

❷なんてあるのだろうか，と思っていませんか。

でも，ちょっとまわりを見てみてください。同僚の中に，意外に❷の人がいるのではないでしょうか。

いくつもの校務分掌を抱えていて，家族もあり，地域でも役員をやっていたりして，とても大変そうなのに，少しもそういう素振りを見せず楽しそうに仕事をしている同僚です。

また，多忙で多忙感を覚えていても，その多忙感を楽しんでいる人もいます。笑いながら，

「すごく忙しくてねぇ。布団で眠る時間もないから，床に寝てるんだよ」

などと言う，**多忙そのものを楽しむ強者**です。

🕐 子どもと過ごす時間を増やす

　多忙感を覚えなかったり，多忙感を覚えてもそれを気にしないでいられたりする人は，いったいどんな人なのでしょうか。

　それは，**仕事にやりがいを感じている人**です。やりがいを感じていれば，忙しくても充実感の方が勝ります。むしろ，忙しい方が充実感があって満足度が高くなるという人もいます。

　ところで，**教師は子どもたちと過ごす時間が取れなくなると，多忙感をより強く覚える**傾向があります。子どもが好きで，子どもに教えるのが好きで先生になったのですから当然です。ということは，子どもたちと過ごす時間があれば，少しくらい忙しくても我慢できるということです。

　つまり，先生にとってのやりがいは子どもなのです。

　そこで，**多忙感を少しでも軽減するために，子どもたちと過ごす時間を強制的に増やしてみる**のはどうでしょうか。

　確かに，子どもたちと他愛のないことを話したり，一緒に走り回ったり，個別指導の効果があったりすると，私たちは大きな充実感を覚えます。それによって，放課後の仕事に多少のしわ寄せがいくことがあっても，それ以上に子どもたちと過ごした時間が満足感をもたらしてくれます。

　教師が忙しい時代だからこそ，原点を見つめ直してみる。教師にとってのやりがいは子どもと触れ合い子どもを育てること。子どもたちと過ごす時間を増やして充実感を高めよう。

一歩を踏み出す コツをつかむ

3分だけ…

面倒な仕事ほど取りかかる気がしないものです。取りかからないのですからいつになっても仕事は終わりません。たとえわずかでも取りかかれば，それだけ早く終わります。では，いかにして取りかかればよいのでしょうか。

⏰ 作業興奮

「作業興奮」という言葉を聞いたことがあるでしょうか。

例えば，乱雑な机の上を片づけなければならないと考えているとしましょう。しかし，片づけるのが面倒でなかなか取りかかれません。そんなとき，上司から今日中に片づけるように言われました。そこで仕方なく片づけを始めたとします。

するとどうでしょう。最初は嫌々片づけていたのですが，少しずつ片づけているうちに，片づけそのものが楽しいとまではいかないものの，そんなに嫌ではなくなってきます。片づける前まではあれほど面倒に思っていたことなのに，始まると比較的スイスイと進みます。気づいたときには，机の上だけでなく引き出しの中や机のまわりまで片づけていました。

これが作業興奮です。

人は嫌々でもやっているうちにやる気が出てくるのです。つまり，やる気を生み出す方法は「まずやってみる」ということです。

脳はやってみることを拒みます。面倒に思います。その脳にだまされてはいけません。やる気のない脳を無視して，とにかく体を動かして作業を始めてみることが大事です。始めて少し経つと，不思議なことにやる気が出てき

ます。次第に集中して仕事ができるようになります。

　この作業興奮を知っていて，しかも体験したことがあれば，面倒な仕事を片づける大きな力になります。

🕐 少しだけ，簡単なところ・得意なところだけ

　とは言っても，最初の一歩を踏み出すのが面倒なのです。ここがなかなか踏み出せないという人も多いでしょう。

　最初の一歩を踏み出すコツがあります。それは，**大きな成果を期待しない**ということです。

　逆に言うと，少しだけやる，簡単なところ・得意なところだけやるということです。

　大きな成果を期待すると，必然的に面倒なこともやらなければならなくなります。さらに，大きな成果が得られなかったとき，やる気がさらに減退します。

　しかし「3分だけやろう」「簡単なところだけやろう」と思えば，それほど抵抗なく取りかかることができます。

　取りかかってしまえば，後はこっちのものです。うまく作業興奮が起これば そのまま仕事を続けることができます。懸案だった仕事が一気に片づくかもしれません。

　仮に本当に3分で終わってしまったとしても，何もしないよりははるかによいでしょう。

　作業興奮を体験すれば，少しでも始めるとうまくいくということがわかるので，次からも始めやすくなる。また，一歩を踏み出すには，大きな成果を期待せず，少しだけ，簡単・得意なところだけやることが重要。

別の仕事で
気分転換を図る

みなさんは仕事をしていて，頭が疲れたり飽きてしまったりしたときにどうしていますか。多くの人が休んで回復や気分転換を図るでしょう。しかし，別の仕事をすれば休まず気分転換を図ることができます。

🕐 頭と手足を交互に使う

　私が若いころですが，先輩がよくこんなことを言っていました。

　「頭を使う仕事はなんだか疲れちゃったから，頭を使わない仕事をしようと思って，子どもの氏名印を押すことにしたよ」

　昔のことですから，出席簿や児童指導要録など，文書に子どもたちの名前をゴム印で押していました。ただゴム印を押すだけなので，あまり考えずに仕事ができます。文書を作成したり，学級経営計画をつくったりするような思考力が必要な仕事が疲れてできなくなると，こうして**手を動かせば済むような仕事に切り替えていた**のです。

　これはとても賢く，効率的な方法です。

　頭を使う仕事をしたので，頭は疲れています。しかし，手足は疲れていません。頭が疲れたからといって，まるまる休んでしまっては，その時間にはなんの仕事もできませんが，疲れていない手足を使う仕事ならば，頭を安めながらでもできます。

　こうすることで，頭を休めながら別の仕事ができます。

　ただし，いつでも都合よく頭を使う仕事と手足を使う仕事があるわけでは

ありません。特に，頭を使わず手足だけを使う仕事というのはそれほど多くありません。現実には，考えることが必要な仕事が多いのです。

🕐 頭の別の部分を使うイメージ

　頭を使わず手足を使う仕事がない場合は，どうすればよいでしょうか。そのような場合でも，別の仕事で気分転換を図ることはできます。

　例えば，2学期の学級経営計画を作成していたとしましょう。1学期の学級の状況や子どもたちの成長を見て，どのようなことを目標にして取り組めばよいかを文章にしていました。

　しかし，しばらく考え続けていたので，頭が疲れてしまいました。

　そうしたら，国語の教材研究をします。もちろん，国語でなくても差し支えありません。算数でも社会でもいいでしょう。つまり，同じ頭を使う仕事でも，まったく別のことをするのです。

　このように別の仕事をすることで，気分転換ができるうえに，学級経営計画を考えるという作業を休むことができます。教材研究に疲れてきたら，また学級経営計画作成に戻ればよいのです。

　こんなふうに，**複数の仕事を用意しておき，1つの仕事に疲れてきたら別の仕事をする**ようにすれば，時間を有効に使うことができます。

　もちろん，それでもどうしても疲れてできないこともあるかもしれません。そのときは潔く休みます。

　食事のレポートをする人がよく使う言葉「味変（味を変える）」。そうすると，味に新鮮味が出てまた食べられるようになる。別の仕事をすることには，これと似た効果がある。

「時間はある」と考える

「時間はある」と考えるというのは，「時間はまだあるから，少しくらい休んでも大丈夫」という意味ではなく，「時間は見つければどこかに必ずあるはずだから見つけよう」という意味です。

🕐 あると思えば見つかる

「お目当ての文書が，100冊もある文書ファイルに，綴じてあるか綴じてないかはっきりわからないけれど，一応探してみよう」

こんなことで始まった文書探し。みなさんはどれくらい本気になれるでしょうか。おそらく，あまり本気にはなれないでしょう。その結果，仮に文書ファイルに綴じ込んであったとしても見つからない可能性が大きくなります。

ところが，

「どこに入ってしまったかわからないけれども，文書は確実にこの100冊の中のどこかにある」

ということになると，あるかどうかわからない場合に比べて，確実に本気度が高くなり，見つかる可能性も高まるでしょう。

このように，「確実にそこにある」と思うと，人は必死になって見つけようとします。その結果，見つかることも多くなります。

時間もこれと同じです。「時間がない，時間がない」と思っていたら，または言っていたら，時間を見つけないように自分自身に暗示をかけているの

と同じことです。反対に**「時間はある。必ずある」**と考えていれば，その時間を見つけ出す可能性が高まります。

🕐 脳が見つける

　今，部屋の中を見回して，赤っぽい色を探してみてください。どうでしょうか，いくつか見つかったと思います。ところで，それらの色をみなさんは普段から意識されていたでしょうか。そこに赤っぽい色があるとわかっていたでしょうか。

　おそらく，意識していた人はほとんどいないと思います。しかし，それは確実にそこにあります。つまり，**普段はあっても見えていない**のです。意識することで見えてくるのです。これを「カラーバス効果」と言ったりします。

　時間も色と同じで，**そこに使える時間があるのに，意識していないために気づかない**ことがあります。

　例えば，車を運転している時間，職員室でおしゃべりをしている時間，家に帰ってテレビを見ている時間，友人と LINE をしている時間，「あと5分…」と言って寝ている時間…などなどです。

　「時間は必ずある」と思って自分の生活を見直すと，予想以上に使える時間はあるものです。もちろん，適度な無駄も必要なことがあるので，ギチギチに予定を組んでもうまくいきません。しかし，一度意識して自分の生活を見直してみるのもよいでしょう。

> 仕事が立て込み，多忙を極めてくると，「時間がない」と考えがち。しかし，普段から「時間は必ずある」と考えていれば，そんなときも必要な時間を見つけ出すことができる可能性が高まる。

自分への言い訳を排除する

仕事は机でなければできない。パソコンがなければできない。静かな場所でなければできない。そんなこだわりをもつ人は多いでしょう。でも，それらは単なる思い込みかもしれません。

🕐 やりたくないことの言い訳

　仕事をやりたくないとき，やらない言い訳を無意識に考えてしまうことがあります。例えば，いつもの場所，いつもの道具がないと仕事ができない，もしくはやりにくい，といったことです。

　私は，あるワープロソフトを使って文書を作成します。ときどき，そのソフト以外でつくられた文書を手直しすることがあります。使い慣れていませんから，思ったように仕事がはかどらず，面倒になります。
　そんなとき，
　「ソフトの使い方がよくわからないから，どうにもやりにくい」
と，作業を投げ出してしまいます。
　作業を投げ出したからといって，何も解決しないことはわかっているのですが，そうしてしまうのです。

　これは，仕事をやらないための言い訳です。仕事が面倒でやりたくないということを正当化しようとして，**無意識に「ワープロソフトの操作に慣れていないからやりにくい。だから，仕事ができない」という言い訳をつくり出している**のです。

その結果，いつになっても仕事が終わらず，多忙感から解放されないことになります。

⏰ 言い訳を自覚する

脳は質問をすると答えを考えようとします。

「私はなぜ優秀な教師になれないのだろう」

と自分に質問をすると，脳は優秀な教師になれない理由をあれこれと探し始めます。

「私はなぜ優秀な教師になれたのだろう」

と質問をすると，脳は優秀な教師になれた理由を探し始めます。セルフイメージを高めることの大切さはこういうところにもあります。

　面倒な仕事，おもしろくない仕事はやりたくないものです。やりたくないと思ったとき，脳はやりたくない理由を探し始めます。そして，いつもの場所でないから…，慣れた道具がないから…と考え始め，「だから，今は仕事ができない」という結論を導き出します。そして，仕事が滞ります。

　仕事や作業ができない，やりにくいと思ったら，それが自分自身への無意識な言い訳でないかを吟味しましょう。もしもそれが言い訳ならば，**これは言い訳だと自覚して，その言い訳を無視することが必要**です。そのようにして，仕事を早め早めにこなしていきましょう。

> 脳が無意識に言い訳を探していると考えると，実にたくさんの言い訳をしていることに気がつく。そして，その多くは，実は大した問題ではないことが多い。

仕事を言い訳に
していないか
点検する

仕事をしない言い訳を自分に対してしていないかを考える
のは大切なことです。それともう1つ，逆のようなことで
すが，人はわざと仕事をして，忙しくしてしまうことがあ
ります。

🕐 仕事が言い訳

　Aさんが，毎日遅くまで会社に残って残業をしていました。まわりの人も
Aさんの仕事ぶりを認めていました。同期のだれよりも出世するだろうとう
わさをしていました。

　Aさんの帰宅がいつも遅いので，奥さんは心配であり，不満でもありまし
た。それで，Aさんが帰宅すると，いつも心配そうな不満そうな顔で出迎え，
もう少し早く帰ってほしいと伝えました。Aさんは，疲れた体でビールを飲
みながら，その話を聞いていました。

　しかし，Aさんの帰宅時刻は，早まるどころか逆にますます遅くなってい
きました。なぜなら，家に帰るのが楽しくなかったからです。帰っても不満
そうな顔と愚痴しか待っていません。そこに帰るくらいなら，仕事を見つけ
て何時まででも会社で残業をしていた方がよかったのです。

　このAさんのように，**たくさん仕事をすることや忙しくすることが，何か
別の嫌なことをしないための言い訳になっている**ことがあります。

　他にも，**誘われるのが嫌で（苦手で）わざと忙しくして断る理由にしてい
たり，まわりから楽をしているように見られるのが嫌だからとわざと仕事を
探して忙しくしていたりする**こともあります。

　もしもこのようなことになっていたとしたら，根本の理由を解決すればずいぶんと多忙から解放されるでしょう。

🕐 仕事をする自分しか認められない

　もう１つの場合が，**自分の劣等感を解消するために，がむしゃらに仕事をする**というものです。かつての私がそうでした。

　私は教師になったのですが，これといって取り柄があったわけではありませんでした。初任者ですから，学習指導も生徒指導も満足にできるものはありません。同時に赴任した２人の女性教師は，生徒と和気藹々と活動していましたが，私は生徒となかなか打ち解けることができずにいました。

　指導は半人前で，生徒との人間関係も築けない。かなりの劣等感です。

　そこで私は，自分の劣等感を解消するために，勉強と仕事に自分の時間をかけることにしました。他の先生よりもなるべく本を読み，だれがやってもいい仕事は引き受けました。中学校ですから，部活動の指導にも力を入れました。今思えば，劣等感をうまく活用したのかもしれませんが，一歩間違えば，負のサイクルに陥っていたかもしれません。

　こんなふうに，「仕事をがんばっていない自分はダメな自分だ」と思い込み，進んで仕事を忙しくしている人はいないでしょうか。

　仕事をしない自分，できない自分，楽をする自分，そういう自分にも OK を出すようにすることで，こういう忙しさからは解放されます。

> 本当にやるべき仕事で忙しいのか，自分がやってもやらなくてもいい仕事をやっていて忙しいのか考えてみる。別の言い方をすると，忙しくしている動機は何かということを考えてみることだ。

すきま時間を生み出す

仕事術や時短術の本では，よくすきま時間の有効活用が述べられます。その通りなのですが，すきま時間ってそもそもそれほどないから活用できないと思っている方も多いのではないでしょうか。

🕐 すきま時間を探す

すきま時間とはどういうものでしょうか。

予定と予定との間の5分から10分程度の比較的短い時間と考える人もいれば，通勤通学の30分程度の時間や帰宅してから寝るまでの2時間程度の時間まで含める人もいます。ここでは，5分から10分程度の比較的短い時間をすきま時間と考えることにします。

5分のすきま時間が1日に10回あれば，合計すると50分になります。50分あればある程度の仕事をすることができます。問題は，そのすきま時間がどこにあるのかということです。

まず，すきま時間を探すことが第一に必要です。探してみましょう。ただし校内に限定します。次のような時間が考えられるのではないでしょうか。

・教室移動の時間…3分

・短い休み時間…5〜10分

・給食を食べ終わってから挨拶をするまでの時間…5〜10分

・トイレ…3分

・会議や打ち合わせ前の時間…3分

合計すると20分前後です。あまり多くはないですね。その他の時間は子ど

もたちを見ている必要がありますから，何か仕事をするのは難しいでしょう。さらに，この細切れの時間にできることは限られています。読書や試験勉強のようなインプットには適していますが，アウトプットをするには時間が短すぎるかもしれません。

🕐 すきま時間を生み出す

　そこで，もう少しすきま時間を増やしてみましょう。**すきま時間を生み出してみる**のです。

　例えば，次のようにします。

・マイカー通勤をしている場合，朝の学校到着後の5分と，退勤のために車に乗り込んだ直後の5分を活用する。

・会議が始まる5〜10分前には会議の場所に行き，始まるまでの時間を活用する。

・昼休み，子どもたちが遊んでいる場所を中心にウォーキングし，その時間を活用する。

　「そんなふうにわざとらしく生み出した時間では仕事にならない」と思うかもしれませんが，これがやってみると意外にいい感じで仕事ができます。だまされたと思って一度実行してみてください。

　すきま時間は短時間であり，必ずしも机で仕事ができるとは限りません。ですから，**状況に応じてどのような仕事ができるのかをあらかじめ考えておくことが必要**です。

> すきま時間を有効に活用すれば，仕事をかなり片づけることができる。しかし，すきま時間はそうそう見つかるものではない。そうなると，積極的に生み出すことも必要だ。

ニュースを見ない

新聞を読んでいる時間，テレビを見ている時間，ネットサーフィンをしている時間…，これらの時間は意外に長いものです。この時間を仕事の時間に充てることができたら，仕事はかなり捗ります。

新聞は読まない，テレビは見ない

テレビが地上デジタル放送に切り替わったときから，我が家にはテレビがありません。というより，あっても映りません。そうして，テレビを見ない生活が続いています。それで少しも困ったことはありません。

私は新聞もほとんど読みません。老眼なのでメガネをかけないと読めないので面倒くさいということもあります。老眼鏡をかけずに見えるのは大きな見出しだけで，数秒で読めます。これで少しも困りません。

情報収集のためにインターネットは欠かせません。ときどきネットでニュースを読みますが，これも読まないからといって困るほどではありません。

つまり，ニュースは知らなくても困らないということです。「そんなことも知らないの？」と思われて少し恥ずかしい思いをするだけです。**必要なニュースはいつか必ずどこかから入ってくる**のです。特に，教育に関するニュースは必ず入ってきますので，あまり心配はいりません。

ニュースは最低限で

ということは，新聞を読む時間やテレビでニュースを見る時間，ネットで

ニュースを読む時間は節約できることになります。

「ニュースは大切なものだから，やっぱり必ず見なければならない」

「今までもずっと新聞を読んできたのだから，読まないのは心配だ」

と考えていると，この時間を節約することはできません。

まず，この思い込みを捨ててしまいましょう。いきなり全部捨てることができない心配性な人は，私がしているように，新聞の大きな見出しだけを読むようにしてはいかがでしょうか。それだけでも情報は手に入ります。通勤時間にラジオを聞いてもよいでしょう。その場合も，ダラダラと聞かずに，時間を限ってニュースを聞くようにします。

🕐 おもしろそうな記事を見ない

ネットでニュースを読んでいると，関連する項目が次々と出てきて，ついついクリックして読んでしまうということを，多くの人が経験していることでしょう。ところが，それを読んだからといって，それほど有益な情報は手に入りません。それにすぐに忘れてしまいます。つまり，これは**情報を手に入れるための読みではなく，楽しむための読み**です。

この時間も節約できるとよいのではないでしょうか。そのためには，関連する記事を見ないようにすることが必要です。見るから興味がわくのです。見なければクリックすることはありません。

これが習慣になれば，かなりの時間が節約できます。

私たちの生活に直接影響するようなニュースは，実はそれほど多くはない。どうしても必要な情報は伝わるようにできている。だから新聞やテレビのニュースに費やしている時間は節約することができる。

第6章

管理職を動かし
時間を生み出す

実は…

計画前に相談，根回しをする

事前にひと言管理職の耳に入れておく。このことの効果は計り知れません。何か計画を立てる際には，ポイントとなることや変更したいことについて，事前に相談をしておくとスムーズに進みます。

🕐 根回しは大事

　教育計画の大きな変更を伴う改善や，新しい試みを実施する際には，必ず校長先生の許可や賛同を得なければなりません。

　賛同を得るためには，正しく理解し判断してもらう必要があります。**理解し判断してもらうには，説明と時間が必要**です。いきなり計画書を提示されて，即座に理解し判断できる人はいません。

　そこで必要になるのが，「根回し」です。

　まず何かの折に校長先生と話す機会があったら，

　「校長先生，実は昨年の学習発表会の反省に，子どもたちの発表の時間をもう少し取りたいという意見が何人かの先生から出ていまして，それで日程を少し変更してはどうかなと考えているのですが，いかがですか？」

などと，非公式にちょっと耳に入れておくのです。

🕐 了解を得てから立案

　相談されれば，校長先生もお考えを聞かせてくれるでしょう。

　「そんな意見があるんじゃ，ちょっと日程を考えてみたらどうだろう」

と賛同してくれるかもしれません。

　「いい意見だと思うけど　下校時刻が遅くなるとまたいろいろ問題が出て
くるんじゃないか？　何かいい案がある？」
と問題点を指摘してくれるかもしれません。

　「実は保護者からも何か発表したいという意見があってね，なかなか時間
の調整が難しそうなんだ。発表時間の延長はちょっと無理かな」
と実情を話してくれるかもしれません。

　いずれも，**いきなり計画を提示するよりも経済的**です。変更のポイントが
明確になっているので計画も立てやすくなります。提示したときに理解され
やすくもあります。何より，一度了承しているので，校長先生の心証もよい
でしょう。

🕐 早めの提示を

　校長先生の了解が得られたら，早めに計画を立てます。

　このときは拙速でよいのです。完全な計画は必要ありません。先の例で言
えば，日程だけでも構いません。

　校長先生の時間がありそうなときを見計らって，

　「先日の学習発表会の件ですが，まだきちんとした計画は立てていません
が，日程だけ考えてみましたので，ちょっとご覧いただけますか」
と，これも非公式に打診してみましょう。

> 「根回しをする」というと悪巧みをするような印象があるが，そうでは
> ない。話し合いや計画の立案を効率的に進めるために，根回しは不可欠。
> 根回しがあれば，計画の変更も最小限で済む。

判断，報告の
スピードを上げる

学校では毎日毎日いろいろな事件が起こります。学級担任の裁量で解決できることから，学校全体で取り組まなければならないことまで多様です。大きな問題に発展しそうなことは，とにかく早く管理職の耳に入れましょう。

🕐 情報を得る

　学年主任という立場は，自分の学級の問題だけでなく，学年全体の問題に目を向けていなければなりません。学年全体を見渡して，なるべくたくさんの情報を得るようにします。

　情報がやってくるのを待っているだけでは，大切な情報を逃してしまうことがあります。**こちらから積極的に情報を得るようにすることが必要**です。

　情報を得るためには，学年の先生の教室を見たり子どもたちを見たり，話をしたりすることになります。しかし，あまりにもあからさまにそれをしていては，学年の先生にとってみれば「管理されている」「見張られている」という感じがして，やや窮屈かもしれません。

　そこで，学年の先生の目のない時間帯にちょっと様子を見たり，ときどき交換授業をしてみたり，はじめから教科担任制を行ってみたりして，自然に情報を得られるようにしておくとよいでしょう。

🕐 情報を判断する

　種々の情報を手に入れたら，判断をすることが非常に大切です。どのよう

な判断かというと，管理職の耳に入れて判断を仰ぐべきか，学年の裁量で処理して報告だけをすればよいかということです。

　近年はなんでもかんでも管理職の耳に入れて判断を仰ぐ傾向が強くなっているようです。学校に保護者から問い合わせがあった場合に備え，管理職自身がそれを望む場合もあります。

　しかし，学級担任や学年主任の裁量で行ってもよいことをいちいち管理職の耳に入れていては，お互いに時間と手間が余計にかかります。管理職の判断が必要か，事後報告でよいかを適切に判断しましょう。

早めの提示を

　そのうえで，管理職の耳に入れて判断を仰いだ方がよいとなったら，躊躇せず早めに耳に入れることが大切です。

　「少し様子を見てから耳に入れよう…」などと考えていると，その間に問題が大きくなってしまうことがあるからです。

　早めに耳に入れておくべきことは，以下のようなことです。

・いじめにかかわること　　・金銭や物品の貸し借り，破損にかかわること

・けがにかかわること　　　・犯罪にかかわること

・不登校にかかわること　　・地域や保護者にかかわること

・他学年や学校の動きとかかわること

> なんでもかんでも報告をしていれば，管理職が責任をとってくれるかもしれないが，自分自身の判断力や経営力は向上しないし時間もかかる。管理職の耳に入れるかどうかの判断も自分を伸ばす機会ととらえよう。

進捗状況報告を こまめに行う

ここまできたら、いったん報告…

ある程度の規模の計画を担当している場合には、進捗状況をこまめに報告するとよいでしょう。少なくとも、途中経過を1度か2度は、管理職に報告することにしましょう。

🕐 報告されると安心し信頼する

みなさんが管理職だとしましょう。

今年度はじめて「児童の引き渡し訓練」を計画したとします。

安全主任に計画立案を命じました。どのような計画ができてくるか、はじめてですので少し気にかかっていたとします。

そんなときに、安全主任の先生がやってきて、

「今、肝心の引き渡しの方法について計画を立てているのですが、こんな感じでやってみようかと思っています。まだ、ラフな計画ですが、ちょっとご覧いただけますか」

と言って、1枚の計画書を差し出したとします。そこに、引き渡しの手順と簡単な図がかかれています。

管理職であるみなさんは、その1枚の計画書を見て、内容や流れに問題はないものの、やや時間的に無理があるのではないかと思いました。そこで、安全主任にそのことを伝えて、もう少し短時間でできるよう、どこか工夫をしてほしいと伝えようとします。

このとき、**完璧にでき上がった計画書を見せられるよりも、意見を言いや**

すいのではないでしょうか。そして，そのように変更しやすい段階でラフな計画を立て，相談に来た安全主任に対する信頼感が増すでしょう。

⏱ 訂正が最小限で済む

今度は，安全主任の立場から考えてみましょう。

完全に計画を立ててから回議をしたとします。管理職から，大筋はこれでよいが，やや時間がかかるのでもう少し時間が短縮できないかと指導がありました。

そこで，時間を少し短くするために，移動の方法と引き渡しの手順を簡略化したとします。すると，そのことによって，役割分担や集合の位置などが少しずつ変わってくることになりました。

その結果，計画のあちこちを手直しすることになり，意外に大きな手間と時間がかかりました。

最初に見たように，進捗状況をこまめに報告していれば，その都度の変更や軌道修正で済むことになり，全体を変更する必要がありません。かえって手間が省けることになります。

そのうえ，**管理職の意見が反映されているので，回議をしたときにはそのまま通る可能性が大きくなります。**

> 計画がある程度できたら報告するという手間をかけるだけで，管理職は安心し信頼してくれる。そのうえ，変更の手間は少なくなり，回議ですんなり通る可能性も高まる。

他の職員の意見を集約して示す

いつでもどこでも，集団である限り，集団の総意というのは少なからぬ影響力をもっています。集団の総意がどこにあるのかは，集団の活動を決定する際の重要な要素になってきます。

判断材料を提供する

先に，学年主任の意見を集約して，意見を具申する際のデータとすることを述べました。学年主任全員の意見は，学級担任全員の意見と考えてもよいことも述べました。

しかし，学校の職員全員が学級担任ではありません。近年は，特別支援教育サポーターをはじめとして，種々の職員が学校にかかわっています。学校が開かれてきているからです。

提案したり具申したり立案したりする際，管理職はそれを行うべきかどうかを判断する立場です。ただ提案をして，判断はよろしくお願いします，でもよいのですが，そこに，

「それで，この件に関して何人かの先生方にアンケートをお願いして，そのデータがあるのですが，これなども参考にしていただき，ご検討をよろしくお願いします」

と言って，アンケートのデータも添えるのです。

つまり，判断材料も一緒に提供するということです。

これは，考えようによっては，アンケートをつくってお願いしたり，集計

したりする手間がかかるわけです。ですから，かえって時間がかかって仕事を面倒にする可能性もあります。

　それでも，**そのデータがあることでミドルリーダーの提案が認められ，職場の環境が変わっていく可能性が高まります。**また，判断材料までそろえているミドルリーダーへの管理職からの信頼も高まるでしょう。

　必ずしも必要ではありませんし，場合によってはそれぞれの立場の代表者の意見でもよいですし，アンケートではなく立ち話で意見を聞いたものを口頭で伝える程度でもよいのです。

　いずれにしても，何かそのような判断材料を提供してみるとよいでしょう。

🕐 ごまかしはしない

　ただし，自分の提案に都合がよいからと，データを意図的に操作したりしてはいけません。

　そのようなことは決してないと考えていると思いますが，明確な意図がなくても，ついそのようなことをしてしまうことがあります。都合の悪いデータはなかったことにしてしまう，転記する際に少し文言を省略してしまう，といったことです。大きな操作ではありませんが，**全体として見ると印象が変わってしまう**でしょう。

　そのようなデータでは，判断に狂いが生じるかもしれないので，データは注意深くまとめます。

> いろいろな立場の職員の意見を聞いていると，自分が想像していたものと開きが大きい場合がある。管理職へのデータの提供と同時に，自分自身へのデータの提供にもなるのである。

エビデンスを示す

最近は教育界でも，「エビデンス」という言葉を聞くことが多くなりました。「エビデンス」があると，決断の際の大きなファクターとなります。エビデンスを示すことができると，説得力は高まります。

⏰ エビデンスを意識する

　エビデンスとは，「証拠」とか「根拠」という意味です。教育界では，経験則からの発言や報告が比較的多いのですが，それに対して，**実証された根拠**という意味で使われるようです。教育界でも，科学的な根拠を明確にした主張が歓迎されるようになってきています。

　例えばこんなことがありました。
　子どもたちの学力向上のために，家庭学習のやり方について，保護者向けの資料をつくろうということになったときです。
　教師は，ずっと以前から，家庭学習は毎日決まった場所で，決まった時刻に，決められた内容に取り組むことが最も効果的な方法だと信じていました。また，そのことを日頃から子どもたちにも伝えていました。当然，家庭学習のやり方についての資料にもそう書こうとしていました。

　ところが，学習指導主任からこんな意見が出されました。
　「最近の研究によると，決まった場所でずっと勉強をすることが必ずしも効率的ではないらしいですよ」
　学習指導主任によると，ある実験で，場所を変えることで学習の記憶が残

りやすくなるという結果が出ているのだそうです。その実験は，学生を２つのグループに分け，それぞれに単語を記憶させる学習を２回行わせ，記憶のテストを行うというものです。一方のグループは２回の学習とも同じ部屋で行い，他方のグループは場所を変えて行いました。そのテストの結果は，場所を変えて学習したグループの方がよかったのだそうです。

　この結果から，家庭学習のやり方の資料には，毎日同じ場所で学習することが必ずしもよいとは限らないという実験結果もあることを，但書で入れることにしました。

⏱ エビデンスで決断を促す

　この資料の内容の最終判断は，当然校長先生が行います。

　校長先生も毎日同じ場所で学習をした方が効果的だという考えでした。が，このような実験の結果があるということを学習指導主任が話したところ，少し考えてみようということになりました。

　最終的には，必ずしもどちらかが100％正しいということではないという書き方に落ち着きました。

　単に教師の経験や思いだけでは校長先生の考えを変えることはできなかったでしょう。エビデンスがあったから校長先生もそのように考えを変えたのだと思います。

　エビデンスには決断を促す力があります。

　決断には勇気と責任が必要だ。簡単な気持ちで決断できないこともある。そんなとき，信頼に足るエビデンスがあれば，自信をもって決断することができる。エビデンスを有効に活用したい。

決断しやすくなる情報を提供する

エビデンスは管理職が決断を下す際の大きな力になります。もう1つ大きな力になるのが，権威のある人や部署のお墨付きです。例えば，教育委員会のお墨付きがあれば，決断を下しやすいでしょう。

🕐 知り合いを頼る

　以前，自分が属しているある研究団体の大会を，勤務校で開催できないかと打診されたことがありました。

　開催するためには，当然校長先生の許可が必要です。そこで，まず校長先生に説明に行きました。

　私には開催をお願いするに当たって，気になることが2つありました。

　1つは，参加費を徴収して行うということです。学校は公的機関ですから，お金を集めることに対しては厳しく考えます。参加費を徴収することを校長先生が躊躇する可能性は十分にあります。

　もう1つは，参加者が全国から集まるということです。人数はそれほど多くはありませんが，全国から参加者を集めるような会を，一校の校長の判断で行うこともまた，校長先生にとってやや気になるところでしょう。

　校長先生に開催のお願いと説明をすると，教育の発展のために意義のあることだと前向きに考えてくださいました。そこで私は，上記の気になることを正直に申し上げました。

　校長先生は，話をやめてしばし黙って考えていました。どうするべきか迷

っているようでした。そこで，私はこう申し上げました。

「実は，以前の同僚で，今，教育委員会の○○係長をしている先生がいるのですが，仮にということで開催をちょっと打診してみました。その先生は○○課長にもそれとなく聞いてくれたのですが，開催は問題ないだろうということでした」

すると，校長先生は，

「そうですか。それなら安心ですね。じゃあ，前向きに検討しましょう」

と言ってくださったのです。

🕐 決断を下しやすくする

新しいことを始めようとすると，学校の判断だけで軽々に行うことが難しい場合があります。学校独自の判断でよかれと思って実行しようとしても，教育委員会の判断では NG という場合もあります。それぞれに立場が違うので，ある意味仕方のないことです。

ですから，教育委員会の意向が事前にある程度わかっていると，迷いが少なくなり，判断や決断がしやすくなるものです。

いつもいつも都合よく事前に意向がわかるわけではありませんが，そのようなことができれば，校長先生の決断も下しやすくなるでしょう。

もちろん，後日正式に教育委員会に連絡をして，意向を伺っておくことは言うまでもありません。

決断が下しやすくなる情報を提供することで，管理職の許可を得やすくなる。教育委員会の意向もその１つ。それが聞ける状況にあるならば，それとなく伺っておいてもよいだろう。

たとえ否定されても感謝を忘れない

✖否定→不満

◎否定→チャンス

教師の中には，管理職の許可が得られなかったといって，不平不満を述べる人が稀にいます。しかし，それはよいことではありません。立場が違えば判断が異なることも当然と心得る必要があります。

🕐 次につなぐ

　学校を預かる管理職の立場と，一職員の立場では，見えるものも違いますし，責任の重さも異なります。管理職としては，常に学校全体を見据え，また対外的なことも視野に入れなければなりません。子どもにとってはよいことだとわかっていても，学校全体を考えた場合にそれが無理なく機能するかどうかということも考えなければなりません。

　ミドルリーダーの立場で考えた提案がすばらしいものであったとしても，管理職としては首肯できかねる場合もあります。その場合，ミドルリーダーとして考えるべきは「次につなぐ」ということです。

　まず，**その提案のどこかを修正すれば実施の可能性があるのかを明らかにする**のです。修正すれば可能な場合，その点を修正しても実施する価値があるのかどうかを判断し，実施した方がよければ修正をします。

　修正しても難しい場合はどうすればよいでしょうか。その場合は，提案の方向性の是非を明確にしておきましょう。例えば，返事やあいさつなどの行動や形から入る指導という方向で提案をしたのなら，行動や形から入るという方向性の是非を明らかにしておきます。これは，今後別の提案をする際に

大いに参考になります。

　さらに，自分の提案を検討してもらったことに対する感謝の気持ちを伝えておきましょう。それによって，管理職からの信頼が増します。信頼が増せば，提案が通る可能性も高まるものです。

⏰ 否定はチャンス

　みなさんが管理職の立場だったとします。

　ある日，主任から例年行っている行事内容の変更について打診されました。もっともな内容でしたが，大局的に見て無理があると判断し，今回はあきらめてもらいました。

　このとき，提案してきた主任が，自分の提案が否定されたといって不満そうに席に着いて仕事をしていたら，あまり気分のよいものではないでしょう。反対に，その主任が自分の提案の不備な点を認め，相談に乗ってもらったことに感謝し，その後も元気溌剌として仕事をしていれば，次はなんとか提案を取り上げてやりたいものだと思うでしょう。

　職場での仕事は，人間関係が大きく影響します。学校は管理職の人事権が限定されていますから，その傾向が強いのです。**努めて人間関係を良好にしておくことが自分の仕事を円滑に進めるために大きな意味をもつ**のです。

　否定されたときはチャンスです。否定されたときこそ，感謝の気持ちを伝えて元気に仕事に励みましょう。その姿が管理職からの信頼と評価を高めるのです。

　仕事ができるからという理由だけで，その人に仕事が任せられるとは限らない。人間性を見て，信頼できる場合に仕事を任されることが多い。よい仕事をするためには，よい人間関係が必要だ。

第7章

断捨離で
時間を生み出す

早く帰ることへの
罪悪感を手放す

どこの学校でも退勤時刻ちょうどに帰る先生はほとんどいません。ですから，退勤時刻に帰る場合や，そうでなくても早めに帰る場合は，少しの罪悪感を覚えます。こうして，ますます早く帰れなくなります。

⏰ 気にする体質

　私が午後4時30分の退勤時刻に帰るとします。それを見て，いろいろなことを考える教師がいると想像できます。

　「おっ，今日は早いな」

　「仕事が少ない人はいいな」

　「仕事をやらなくて大丈夫なのかな」

　「こっちは大変なのにいいご身分だな」

といったことです。

　本当にそう思っているかどうかはわかりませんが，妥当な想像ではないかと思います。

　ところで，私はその方たちの考えや気分に責任をもたなくてはならないのでしょうか。つまり，私が早く帰ることによって，それを見た方の心の中にわき起こる，怒りやねたみや不安などの気持ちに対して，「申し訳ない」とか「後で埋め合わせをしますので…」とか，いちいち言い訳をしたりしなければならないのでしょうか。

　そんなことはないと多くの人が考えると思います。早く帰る人は早く帰ればよいので，残りたい人や残らなければならない人が自分の責任で残ればよ

い，と考えるでしょう。

ところが，日本人には，自分と他人の間に境界線を引くのが苦手な人が多く，**自分が早く帰ることで他の人の心にわき起こる（と想像する）マイナス感情を引き受けてしまったり，その結果として罪悪感を覚えてしまったりする人が多い**ようです。

それで，ますます早く帰れないということになります。

⏱ 申し訳なくない

早く帰ることに対する罪悪感を，みなさんがもしもっているのなら，まずそれを手放してしまうことをおすすめします。

早く帰ってよいのです。

勤務終了時刻が来て，帰れるならさっさと帰りましょう。

他者と協力はしなければなりませんが，他者の感情や行動を自分の責任だと思う必要はありません。武者小路実篤の言に，**「君は君，我は我なり。されど仲よき」**とありますが，本当にそのような関係でよいのではないでしょうか。

そう考えて，帰れるときにはどんどん帰るようにしましょう。早く帰ることの楽しみや魅力を味わいましょう。そうすれば，ますます早く帰りたくなります。それが仕事の効率を高めることにもつながります。

> 早く帰る自分を見た人の心にわき起こるねたみや不安をいちいち気にしていると，ますます早く帰ることができなくなる。早く帰ることの楽しさを味わえば，仕事の効率化にもつながる。

出たくない
つき合いは断る

職場ですから「つき合い」があるのは当たり前です。先輩や同僚から声をかけられたら断るのは難しいものです。かといって，なんでもかんでもつき合っていたら，時間もお金ももちません。

🕐 境界線を引く

　自分と他者との間に境界線を引いて，理不尽な侵入を拒むようにすると，自分自身が確立されてくると言われます。また，そうなることで，自分も他者の境界線を大切にすることがわかり，相手を尊重できるようになるとも言われます。

　境界線を引くためには，排除することが大事だと言われます。

　「そう言われるのは傷つくから嫌だ」

　「それは好きではない」

　「そういうことはやめてほしい」

など，自分のイヤなこと，嫌いなことを排除していくと，自分自身が最後に残ってくるというわけです。

　もちろん，当然やるべき職務や役割を軽々に排除してはならないのは，言うまでもありません。

　さて，先輩からお酒に誘われたとします。しかし，その日はあまり気が進みません。

　このとき，境界線がしっかり引けていないと，「断ると先輩に悪いな」とか，「先輩が気分を悪くするかもしれないな」などと考え，不本意ながらつ

き合うことになります。反対に境界線が引けていれば，

　「お誘いありがとうございます。でも，お気持ちはうれしいのですが，今日はどうも気が進みませんので，また今度お願いします」

と断ることができます。

　きちんと断ることができた方が，時間もお金もかかりません。

🕐 理由は言わなくてよい

　境界線を引いて断れるようになるためには，断ることが必要です。堂々巡りのようですが，断るという行動を通して境界線が確かなものになっていき，境界線が確かなものになると，自分の意に反したものに対してきちんと断ることができるようになっていきます。

　ですので，気が進まないときには断ることにチャレンジしてみましょう。

　ところで，断るときに私たちはよく「なんて言って断ろうか。相手が納得する理由，相手が傷つかない理由を考えなくては」と思い，それをまた負担に感じてしまうことがあります。

　断るのに理由はいりません。相手の都合や相手の気持ちを気にし過ぎてはいけません。誘ってくれたことに対するお礼の気持ちは伝えますが，**どうしてつき合えないかの理由は，「今日は気分が乗らない」「気が進まない」でよい**のです。相手がしつこく理由を聞いてきても「気が進まないので」と答えておきます。

> つき合いが断れない人がいる。その人は，多くの時間を他者のために使っている人だ。貴重な時間は自分のために使おう。気乗りのしないつき合いは，断る勇気をもつことが大事。

「いいかっこしい」の 仕事はしない

「いいかっこしい」とは，ついつい見栄を張って，自分をよりよく見せようとしたり，格好つけてしまったりする性格のことです。だれにでも多かれ少なかれあるものですが，仕事をするうえでは注意が必要です。

余計な仕事を呼び寄せてしまう

みなさんにも，次のようなことがあるのではないでしょうか。

・自分が持っているバッグがいかに希少価値のあるものかとか，自分の家系に有名な戦国武将がいるとか，つい自慢してしまう。

・そういう話を聞いて，自分も実はこういう希少価値のあるものを持っているなどと対抗心を燃やしてしまう。

・「オーストラリアって砂漠がすごく多いよ」などと，行ったこともないのに，行ったことがあるかのように話してしまう。

・「細かいことは気にしない」という大物ぶりをアピールして，自分に不都合なことも演技で笑って済ませてしまう。

こんなことをしてしまうのが「いいかっこしい」なわけです。

他の人より優位に立ちたい，また優位に立っている自分を演じていたいという気持ちから，こんな行動をとってしまうのかもしれません。

いいかっこしいがそんなに悪いわけではありませんが，これが高じてくると，次のようなことにならないとも限りません。

・自分の家系に有名な戦国武将がいるから，今度，実家からその武将の持ち

物を借りてきて子どもたちに見せてあげると約束してしまう。

・オーストラリアの砂漠や街の様子を写した写真で，社会科の学習に使える
ものがあるか探してきてあげると約束してしまう。

・自分の校務分掌とは関係のない仕事が何かの手違いで回ってきても，大物
ぶりをアピールして引き受けてしまう。

　つまり，余計な仕事を自分から呼び寄せてしまうのです。

　このように，**いいかっこしいも度が過ぎると，仕事が増えてしまう**ことが
あります。

🕐 弱みを見せる

　学年主任や分掌主任であるミドルリーダーは，いいかっこしいをしてしま
う機会に満ちています。その部門の長だからです。

　なので，いいかっこしいになっていないか，いつも注意深く自分を見張っ
ておきましょう。そして，いいかっこしいをしそうになったらやめましょう。

　そのためには，自分の弱みを見せることです。つまり弱い自分，だめな自
分を見せるということです。

　「そんなことをしたら，まわりからの評価が下がってしまう」と思うかも
しれませんが，現実は逆です。弱みを見せれば見せるほど評価は上がります。
信頼も高まります。それに，**自分でいくら取り繕っても，まわりは結構よく
実態をわかっているもの**です。

いいかっこしいも度が過ぎると，余計な仕事を招いてしまう。ありのま
まの自分を見せることが人間関係をよくするためには必要。そのうえで
自分の仕事をきっちりとこなしていれば，周囲の信頼は自然と高まる。

やるべき仕事と
やりたい仕事を
区別する

やるべき　やりたい

目の前にたくさんの仕事があふれているとき，まず，それらの仕事を「やるべき仕事」と「やりたい仕事」に分けてみましょう。そして，まずは「やるべき仕事」から片づけます。

仕事を見極める

　交通安全指導担当のＡ先生が，年度末に仕事に追われていました。集団登下校のための登校班を編制する時期だからです。

　登校班編制の仕事には，次のことが含まれています。

・既存の班に新入学児童を入れる（交通事情や集合場所を考慮して）。

・６年生が抜けて，高学年児童が残るか確認する。

・上記２点を考慮したうえで，既存の班の解体や合体を検討する。

　これらだけでも相当な仕事量になります。

　Ａ先生は，これに加えて，ある班の班長が欠席の場合などを考え，兄弟班をつくって互いにカバーし合えないかと考えていました。近場の登校班同士を兄弟班として，通学路上で落ち合う場所を設け，一緒に来ることができれば，いざというときに安心だと考えたのです。

　ところが，班長がまだ正式に決まる前から兄弟班のことを考えているために，**本来の登校班編制の仕事もなかなか進まず，連日遅くまで残って仕事をしていました。**

　Ａ先生の連日の仕事を見ていて，「やりたい仕事」と「やるべき仕事」が

ごちゃごちゃになってしまっていると私は思いました。そこでＡ先生に，

　「登校班編制の仕事の中に，先生が必ずやらなければならない仕事と，先生ができればやってみたい仕事があるんじゃないですか。それを分けて考えて，まずやらなければならない仕事を先に完成させて，そのうえで余裕があればやりたい仕事にチャレンジしてみてはどうでしょう」

とアドバイスしてみました。

🕐 やりたい仕事はあきらめることも

　Ａ先生は，私の話を聞いてあきらめがついたようです。Ａ先生もわかってはいたのですが，なかなか踏ん切りがつかなかったようです。

　その後のＡ先生は，まず例年通りの登校班編制を着々と進めました。それでも仕事量はそれなりに多いのですが，仕事に慣れていたので，どんどん進めることができました。

　そして登校班の編制が済んだところで，改めて兄弟班が可能かどうかを考えていました。その結果は，残念ながら登校班が完成してしまってからでは兄弟班を適切に設けることが難しいということがわかり，Ａ先生のアイデアは日の目を見ませんでした。

　このように，時間の問題や手順の問題でやりたい仕事はできないことがあります。しかし，**やりたい仕事にいつまでもこだわらずにあきらめることで，やるべき仕事が滞りなく進む**ということがあるのです。

　「やるべき仕事だけで精一杯」ということが多い中，やりたい仕事があるということは誇れることだ。やりたい仕事を実現するためにも，やるべき仕事を分けて先に進めるようにする。

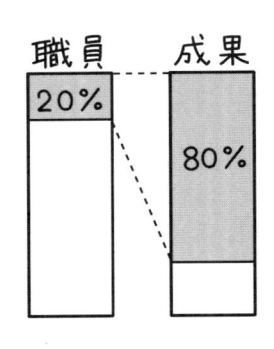

「パレートの法則」を応用する

ビジネスの世界でよく引き合いに出される経験則に「パレートの法則」があります。この法則を職員室での仕事にも応用することができれば，仕事が効率的に進められます。

⏰ パレートの法則とは

「パレートの法則」とは，イタリアの経済学者・パレートが唱えた法則で，経済的な活動において，全体の数値の大部分は，その一部の要素が生み出しているという意味のことです（「80：20の法則」とも呼ばれる）。

例えば次のようなことです。
・売上の8割は，全顧客の2割が生み出している。
・売上の8割は，全従業員の2割が生み出している。
・仕事の成果の8割は，費やした時間の2割の時間で生み出している。
・故障の8割は，部品の2割に原因がある。

これを学校現場に当てはめてみましょう。
・指導の成果の8割は，全実践の2割が生み出している。
・指導の成果の8割は，全職員の2割が生み出している。
・校務分掌の成果の8割は，全分掌の2割が生み出している。
・仕事の成果の8割は，かけた時間の2割で生み出している。
・仕事の成果の8割は，すべての仕事の2割が生み出している。

　すべてがこのようになるわけではありませんが，このように示されると
「なるほど，そうだよなぁ」とうなずける部分もあるのではないでしょうか。

　ところで，これらの逆を考えてみるとこうなります。
・全実践の8割は，指導の成果の2割しか生み出していない。
・全職員の8割は，指導の成果の2割しか生み出していない。
・全分掌の8割は，校務分掌の成果の2割しか生み出していない。
・かけた時間の8割は，仕事の成果の2割しか生み出していない。
・すべての仕事の8割は，仕事の成果の2割しか生み出していない。
　こうなってくると，ちょっと笑ってはいられなくなります。

🕐 集中する部分を見極める

　さて，パレートの法則は，いつでも必ず当てはまるわけではもちろんあり
ません。ですから，これを過度に信じることは危険です。
　しかし，ここから学ぶべきこともあります。
　それは，仕事には軽重があるということです。
　実際に2割の仕事で8割の成果が出ているかどうかはわかりません。でも，
**成果に直結する仕事と，成果に結びついているのかどうかがわかりにくい仕
事が混在しているのが学校現場**です。
　それならば，**成果に直結する仕事に時間と労力を費やし，成果がはっきり
しない仕事は例年通りに行うなどの弁別があってもよい**のではないでしょう
か。そこを見極めることも重要な時間術です。

> 森信三先生の言葉「雑事雑用を軽んずるな」。しかし，「軽んずる」こと
> と「軽重をつける」ことは，似て非なるもの。軽重をつけるとは，仕事
> 本来の価値に見合う労力を費やすということだ。

ログを作成する

小遣い帳とか家計簿をつけたからと言って，必要なお金が減るわけではありません。しかし，それをつけることで無駄が見えることがあります。仕事にも小遣い帳があれば無駄が見えてきます。

活動ログをつける

「ログ」とはデータログ，すなわち，活動記録，履歴のことです。
自分のデータログを残してみましょう。

データログと言うとカッコイイ感じがしますが，要は活動記録，予定表の逆バージョンです。予定表は「6時から8時まで勉強（をする）」などのように予定を書き込みますが，「6時から7時半まで教材研究（をした）」のように，活動したことを書き込みます。

以下は，ある日の私のデータログです。

3：00	起床〜メールチェック	17：30	メールチェック
3：30	原稿執筆	18：00	原稿執筆
5：30	朝食	19：00	休けい
6：00	出勤	20：00	夕食
6：30	読書	20：30	メルマガ執筆
7：30	事務仕事	21：00	休けい
16：40	退勤	22：00	就寝

　このようなデータログを1週間程度つけてみると，自分の時間の使い方が見えてきます。細かくつけるなら10分単位で活動を記録するとよいでしょう。ちなみに，私の場合，忙しい忙しいと言いながら，帰宅後は結構休けいしていることがわかります。

　ところで，最近は学校の仕事を持ち帰ることはほとんどありません。学校の仕事は学校で完結することがほとんどです。マイカー通勤の車中で構想を練ることもあります。退勤時刻が早いのは，学級担任をしていないからだと思います（遅くなることも稀にあります）。

🕐 無駄を省く

　1週間のデータログを眺めてみましょう。無駄が見えてくると思います。無駄とまでは言えなくても，必ずしもやらなくてもよいことや，毎日やらなくてもよいことが見えてくると思います。そこをターゲットにします。

　私の場合は，1日に休けいの時間が2時間ほどあります。この2時間がターゲットです。

　ターゲットが決まったら，そこを仕事の時間に充てるかどうかを考えます。ただし，**「必要のない時間だから仕事に充てよう」と安易に変更しても，それは机上の論理**です。実際にはできないこともあります。私の場合，休けい時間を単に仕事の時間と考えたからといって，実際に仕事ができるとは限りません。

　まずは，**その時間の3割から5割を仕事に割り振ります。今までの活動をする時間も残しておくことが，時間をうまく活用するポイント**です。

> 自分の活動の記録を取ってみると，無駄な時間が見えてくる。しかし，一見無駄と思われる時間も，必要だから存在していることがある。無駄を認めつつ，無駄を省いていきたい。

必要かどうか わからない情報は 捨てる

毎日，多種多様な情報が入ってきます。耳や目から入ってくる情報は一時的なものですが，紙やデータの情報は残ります。残す作業，分別する作業，確認する作業に時間がかかります。

🕐 残すにも時間がかかる

　無駄な時間と言えば，情報を取り扱う時間も無駄な時間です。例えば，次のような時間です。

・プリントを分別する。

・プリントをファイリングする。

・ファイルを保管しておく。

・プリントを探す。

・プリントを廃棄する。

　プリントを見て，有益な情報かそうでない情報かを判断しなければなりません。ひと通り見るだけでも時間がかかります。

　有益な情報だと判断したら，それをファイリングしなければなりません。たとえデジタルデータでも，ファイリングはしなければなりませんし，名前もつけなければなりません。

　さらに，そのファイルを保管しなければなりません。デジタルデータでも同じことです。データの保管場所がわからなくならないように工夫をしなければなりません。

　必要なときにそのプリントを探さなければなりません。プリントの数が多

かったりファイルが多かったりすると，探すのに多くの時間が必要です。

　年度末には，それらのファイルを廃棄しなければなりません。データも移行するか完全に消去しなければなりません。

　情報の処理だけでも，これだけの手間がかかります。年間でいったいどれほどの時間をこの処理にかけているでしょうか。

🕐 もしかしたらはもしかしない

　有益な情報であっても，このような時間がかかります。有益な情報以外の情報も同じように処理していたら，時間はさらにかかります。

　有益な情報以外の情報はもともと保管しないから大丈夫ではないかと思うかもしれませんが，意外に「必要な情報かどうかわからないが，もしかしたら使うかもしれない情報」を結構保管していないでしょうか。

　私たちが心配することのうち，現実に起こるのは数%しかないとよく言われます。そうです。「もしかしたら」は「もしかしない」ことが多いのです。ですから，もしかしたら必要になるかもしれない情報は，必要とならないことの方が圧倒的に多いのです。

　「もしかしたら必要になるかも」と思う程度のあやふやな必要感の情報は迷わず捨てましょう。それでほとんど困りません。**1年間続ければ，大幅な時間の節約になる**はずです。

> 情報を取り扱う時間の多くは無駄な時間。「もしかしたら必要になるかも」と思う程度のあやふやな必要感の情報は迷わず捨てよう。続ければ大幅な時間の節約になる。

第8章

ネットワークで時間を生み出す

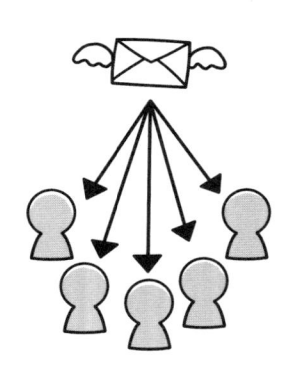

コアな メーリングリスト をもつ

何かの情報を早く入手したい場合，最も便利なのは，知っている人に教えてもらうことです。その情報についてよく知っている人が身近にいることほど心強いことはありません。

　以前，勤務校の体力テストの数値がかなり低くて，なんとかして向上させようと学校で取り組んでいたときがありました。ネットで調べると，毎年高い数値を残している県があることがわかり，どのような指導をしているのか知りたいと思いました。

　そこで，所属するメーリングリストに「○○県の体力テストの成績が毎年高いようですが，どのような指導をされているかご存じの方，いらっしゃいますか」と投稿してみました。すると，その県にお勤めの先生ではありませんでしたが，すぐに返信をいただきました。

　「メーリングリスト」と聞いてピンとこない方のために簡単に説明をしておきます。メールを使ったコミュニケーションの１つの形態です。

　Aさん，Bさん，Cさんの３人が，あるメーリングリストのメンバーだったとします。このメーリングリストにはメールアドレスがあり，Aさんがそのアドレスにメールを送ると，自動的に３人にそのメールが送られます。

　このような仕組みで，グループ内のコミュニケーションができます。LINE のグループと同じようなものです。

　ところで，ビジネスの世界では，もはやメールは古くなっているようです。

現在ではコミュニケーションの手段は，メールから LINE，Facebook 等の SNS に移行しています。

　要するに，メーリングリストでも LINE グループでも Facebook のグループでも，**一度に複数の人に連絡がとれるような手段**であれば，なんでもかまいません。

　何か情報が必要になった場合，このグループを活用します。このグループに質問を投げかけるわけです。そうすると，それについての情報を知っている人が，関連する情報やヒントを教えてくれます。情報を得たい場合にこれほど心強いものはありません。

🕐 コアでなければ時間の無駄

　ただし，このグループにも条件があります。それは「コア」なグループでなければならないということです。コア＝熱心な，本格的な，ということで，**勉強をしていたり，探究心が旺盛だったりする人々が集まったグループ**ということです。

　コアなグループだからこそ，有益な情報が即座に返ってきます。単なる仲良しのおしゃべりのためのグループでは，なかなか有益な情報は返ってこないでしょう。そうなると，メッセージを見たり返信したり削除したりと，無駄な情報の処理に時間ばかりが取られることになり，かえって時間を浪費してしまいます。

> 詳しい人に聞くことも，情報を入手するための優れた方法。これを「衆知」という。「三人寄れば文殊の知恵」という言葉もある。普段からそういうグループに属しておくとよい。

校外会議を活用する

メールや LINE よりも電話，電話よりも対面の方が話がよくわかります。情報を得るにも直接会って教えてもらう方が，メールよりもよくわかります。直接教えてもらう機会を活用しましょう。

🕐 対面で聞くための準備

　学習指導主任が集まる研修会，体育主任が集まる研修会などが開かれることが，年に何度かあるでしょう。そういう機会を利用して，普段から気になっていることを質問したり，情報を提供してくれる人を探したりしてみましょう。対面で聞くのが最もよくわかります。

　そのために，いくつか準備する必要があります。

　まず，**普段から聞きたい情報を書き出しておきます。**

　先生方は，よくビジネスダイアリーをお使いでしょうから，特定のページをつくってそこにメモしておくとよいと思います。

　次に，**研修会場に着いたら，なるべくたくさんの方が座りそうなところに座ります。**または，たくさんの方が座っている付近に座ります。一度になるべく多くの方に話を聞くためです。

　できれば，熱心な方がたくさんいるところがよいのですが，それを見分けるのは難しいでしょう。「やる気のある人は前に座る」と言われますが，教員研修では，前の席は遅くやってきた人の指定席になっていることがほとんどです。

さらに，研修が始まる前に，進行役の方に，

「研修後に時間があれば，2，3分，参加者にお尋ねしたいことがあるのですが，可能でしょうか？」

と聞いておきましょう。そのときに質問の内容も伝えます。この場合の質問は，なるべく参加者のみなさん全員にかかわりのあるものにします。

進行役の方の許可が得られれば，進行役の方から発言を促されるはずなので，手短に質問します。その際，本来の趣旨とは異なり申し訳ないと，ひと言添えてから質問するとよいでしょう。

🕐 遠慮しないで話題にする

ところで，このようにして質問をするのは勇気がいることでもあります。相手の時間を少しいただいてしまうことになるからです。そう考えて遠慮するのも悪いことではありません。そのようなこまやかな心遣いは，いつでも大切なことです。

しかし，こう考えることもできます。

みなさんが学習指導主任として，現在ある情報がほしいと思っているとしたら，**他の学習指導主任もその情報に関心をもっているはず**です。その情報をこの場で思いがけず得ることができたら，その方たちにとってもありがたいことではないでしょうか。

それに，研修が長引いて最後に発言をするのが憚られる場合は，「今日は時間もありませんので，またの機会にお願いします」と遠慮することもできます。

同じ立場の教師が集まっている場では，関心事も共通している。そういう場で直接聞くことができる情報はかなり役立つと言ってよい。積極的に質問してチャンスを生かすことができれば，効率的だ。

連絡はメールを使う

出欠確認は
メールで…

メールはもう時代遅れになりつつあるのかもしれませんが，便利なところもあります。いつでも自分の好きな時間に読むことができるという点です。電話や対面では，なかなかそうはいきません。

自分の計画を乱さない

　家で原稿を書いていて，佳境に入ったタイミングで電話が鳴ることがあります。考えが中断され，続きを書くことが難しくなる場合もあるので，これは本当につらいです。しかも，それがセールスの電話だったりすると，怒りさえ覚えます。

　電話に出ないという考えもありますが，何か緊急の連絡だったらまずいと思うと，つい出てしまいます。

　これに対して，メールでのやりとりは，自分のタイミングで読めますから大変便利です。

　しかも，教師は仕事の性質上メールの返信が即座にできないということを，だれでもわかっているので，仕事の連絡でも即座の返信を求められるようなメールはありません。速くても1日程度の猶予があります。

　これは大変便利です。電話は仕事を中断させられますが，メールは仕事を中断させられることがありません。自分の予定を優先させることができます。自分の都合のよい時間に読むことができます。そして，必要に応じて返信をすることができます。

　ですから，緊急性の低い場合は，メールで連絡してほしいと伝えておけばよいでしょう。反対に，緊急性の高い場合や，どうしても直接話す必要がある場合は電話をかけてほしいとお願いしておけば完璧です。

🕐 相手の時間をむやみに奪わない

　これは相手の立場に立った場合にも言えることです。

　何か連絡をする際に，**軽微な連絡でも電話を使うと，相手の時間を大幅に奪うことになりかねません。**

　例えば，放課後，他校の先生に連絡をするとします。その連絡の内容が，来月の会合の出欠確認だとしましょう。

　電話がかかってくれば，呼び出されることもあります。仕事を中断してわざわざ教室から職員室に戻って対応をします。そのときは呼び出されなくても，後で電話をかけなければならないかもしれません。

　これがメールならば，その先生の時間が空いたときに読めばよく，また時間があるときに返信すればよいので，相手の先生にとっても時間を奪われることがありません。

　ところで，最近の若い先生はメールをあまり使いません。メールでは連絡がつかなかったり，返信が遅れたりすることも少なくありません。**若い先生は，LINE や Facebook など SNS を使った方が連絡がつきやすいことが多い**ということも頭に入れておきましょう。

　メールも LINE も Facebook も，すぐに返信をしなければならないと思い込んでしまうと，ツールに「使われる」という状況になる。ツールは仕事のためにあることを肝に銘じたい。

専門的な知識のある人と懇意になる

例えば，ワープロソフトを使っていて，罫線とか文末の禁則処理がうまくいかないことがよくあります。マニュアルを見てもわからないことが多いのですが，近くに詳しい人がいればすぐに教えてもらえます。

知識は時短につながる

家庭教師をつけると成績がアップします。そのときその場で，即座に疑問に答えてもらえるからです。後で調べよう，後で聞こうと思っていると忘れてしまい，結局わからないままになってしまいます。

こういうことは，日常生活の至るところで起こります。

例えば，Windows 7以降でエクセルを使うと，選択セルを移動する際に，スルッとすべるように滑らかに移動します。それはよいのですが，移動に結構な時間がかかります。急いでいるときにはイライラします。

エクセルがバージョンアップしてこういう設定になってしまったとあきらめていました。しかし，ストレスはどんどん溜まりました。

あるとき，PCに大変詳しい先生と研修で隣の席になりました。雑談の中でこのことを嘆いたところ，

「それは，Windowsの設定でアニメーションを切ればいいよ」
と，あっさりと教えてくれました。

後日，教えられた通りにしてみたところ，以前のような動きに戻り，操作が大変快適になりました。これを知らずにその後もずっとストレスを感じな

がら仕事をしていたとしたら，時間も労力もずいぶんとかかったでしょう。

　専門的な知識の豊富な人はピンポイントで疑問に答えてくれますから，わからないことをあっという間に解決することができます。そのことで，時間を節約したり手順が簡単になったりすることがあります。

🕐 インフォーマルなつき合いで

　専門的な知識のある人を知っていても，なんとなく気後れして質問できないというのではもったいないと言わざるを得ません。普段から，「この人は」と思うほどの人とめぐり会ったら，質問できる程度には懇意になるように努めるとよいと思います。

　どうすればそうなれるでしょうか。

　1つの方法は，その方と会う回数や話す回数を増やすことです。それが**インフォーマルな場であればなおよい**と思います。

　職場や地区の懇親会があれば，積極的に出て話をするとよいでしょう。

　その方がセミナーや講演会で話す機会があれば，そのセミナーや講演会に出かけてみましょう。そして，できればその後の懇親会やパーティにも出て，少しでもお話をしてみましょう。**懇親会やパーティは，気軽に語らえる場ですから，初対面でも話しかけやすい**と思います。

　そのようにして懇意になると，何か教えてもらいたいときにピンポイントで質問をして答えてもらえるようになります。

　　インターネットや本や事典で調べることはできるが，求める情報に行き着くまでが大変。知識の豊富な人に聞けば，それが最短距離でわかり，時間と労力の大幅な節約になる。

理科に詳しい
先生は…

人脈を
カテゴライズする

情報は整理をすると使いやすくなり，さらに輝きを増します。人脈という情報も整理をしてみると，活用しやすくなります。機会があれば，一度自分の人脈を整理してみることをおすすめします。

🕐 どうつくるか

みなさんが，だれかに何かを教えてもらいたいと考えたときに，頭の中でいろいろな人の顔を思い浮かべるでしょう。そして，ぴったりの人が思いついたとき，「あの人にしよう」と考えると思います。自分の記憶を活用した優れた方法です。

ただ，脳は自分の都合のよい情報をなるべく検索し，都合の悪い情報は検索しない傾向があります。それでだいたいは間に合うのですが，さらに検索をしなければならないという状況もあるでしょう。

そのようなときは，脳検索に頼らない検索が必要になります。そのために，人脈を一度整理しておくことをおすすめします。

次の手順で行います。

❶この人は頼りになるなと思う人を思い浮かべます。漠然としたもので構いません。この人は苦手だなと思う人もいるでしょうが，気にせずに思い浮かべます。携帯電話の電話帳などを利用してもよいでしょう。

❷それぞれの人について，次のことを入力します。エクセルなどのデータベースソフトを使って入力すると，後で活用しやすくなります。
　①名前　　②年齢　　③性別　　④住所　　⑤勤務校　　⑥役職

⑦専門知識（いくつでも）　　⑧頼みやすさ（ABC で）

下のようなイメージになります。

No	名前	年齢	性別	住所	勤務校	役職	専門知識				頼みやすさ
1	名前1	46	男	栃木県…	○○小学交	教諭	体育指導	バスケット			B
2	名前2	58	女	栃木県…	○○小学交	校長	学校経営	花の栽培	小物づくり		B
3	名前3	62	男	秋田県…	無	無	国語教育	人事	学校経営	幼稚園教育	A
4	名前4	30	女	栃木県…	○○中学交	教諭	イラスト				B
5	名前5	34	男	大阪府…	○○小学交	教諭	銅像	道徳教育			A

🕐 どう使うか

このようなデータベースを一度つくっておけば，あとはデータを加えていくだけです。人脈が増える喜びも味わえます。

このデータベースは，次のように使います。

❶何か専門的な情報がほしい場合，その項目名で検索します。

例えば，幼稚園教育について情報がほしい場合，「幼稚園」で検索をします。すると，幼稚園の知識をもった方が抽出されます。

❷そのようにして抽出された方が複数いた場合，他の項目を見て，どの方にお願いするかを決めます。

❸その他にも，校長先生に話を伺いたいとか，中学校の女子教員に話を聞きたいとかという場合は，「役職」「勤務校」「女」などで検索をします。

このようにして検索をすると，**客観的な情報に基づいて人が抽出されてくるので，より相談に適した人を選ぶことができます。**

データベースをつくると，人脈がますます増えていく。増やしたいという目的ができ，紹介してもらえるようにもなるからだ。自分もまた相手の役に立てるように，という意識も大切。

名刺をつくって人脈を広げる

名刺を持っているかいないかで，相手に与える印象が違います。ミドルリーダーになったら名刺を持ちましょう。交換する機会があまりなくても，名刺を持つことで少し意識が高まります。

🕐 まずつくってみる

　最近は PC とプリンターがあれば自分で名刺をつくることができます。ミドルリーダーなら，ぜひ自分の名刺を持つことをおすすめします。

　名刺があれば，声をかけるきっかけになります。特徴のある名刺ならば，その後の会話が弾み，相手の方に覚えてもらえる可能性が増えます。その結果，人脈が広がります。

　名刺作成のフリーソフトもたくさんありますし，名刺用の紙もいろいろと販売されています。楽しみながらつくってみるとよいでしょう。

　つくったら，友人や知人に渡してみましょう。相手が名刺を持っていたら交換をさせてもらいましょう。いずれも，ある程度の作法があるので，ネットで勉強して試してみるとよいと思います。

　普通の教員生活には，正式に名刺交換をする場はほとんどありません。それではせっかく名刺をつくってももったいないですし，人脈も広がっていきません。

　そこで，名刺の交換ができる場所に行ってみましょう。

　おすすめなのは，講座やセミナーに顔を出すことです。講座やセミナーに

来る教師はだいたい名刺を持っています。隣同士になって自己紹介をするときに，名刺交換をしてはいかがでしょうか。その後，前後の方やその隣の方とも交換をすれば，人脈が広がっていきます。

⏱ 自分をアピールする

名刺を交換することに慣れてきたころには，いただいた名刺もかなり溜まっていると思います。それらの名刺を眺めてみましょう。**目を引く名刺と特に目を引くことのない名刺がある**と思います。

もちろん，目を引く方が何度も見返されるので，名刺として優れています。目を引く名刺が見つかったら，どうして引かれるのかを考えてみましょう。そして，その要素を自分の名刺に加え，バージョンアップさせるとよいと思います。

目を引く名刺の要素はいくつかあります。

・色使い……白地に黒い文字だけではなく，色が入っている。
・紙質………厚紙を使っていたり，和紙を使っていたりする。
・文字………大きさや書体に特徴がある。
・デザイン…文字の配置などが特徴的。
・イラスト…似顔絵や写真が入っている。

バランスの問題もあるので，自分でいろいろ試してみるとよいと思います。

世の中には金属の名刺やジグソーパズルになっている名刺，文字が浮き出る名刺，二枚重ねの名刺など，工夫を凝らした名刺が数多くある。自分自身を見失わない程度に工夫を凝らしてみよう。

第9章

先を見通す
ことで
時間を生み出す

「何を」「いつまでに」を明確にする

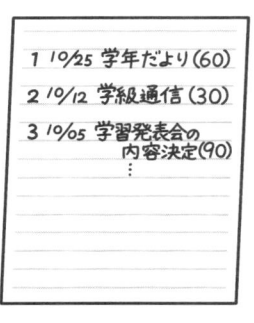

To DO リストや予定表を使って，やるべき仕事を管理している先生は多いでしょう。でも，そのリストや予定表に，どれくらいの時間がかかるのか，いつまでにやるのかが明記されているでしょうか。

⏰ 役に立たない To Do リスト

つくってもあまり役に立たない To Do リストがあります。
それは，次のようなリストです。

> 1　学年だより
> 2　学級通信
> 3　学習発表会の内容決定
> 4　忘れ物記録用紙
> 5　社会科学習プリント
> 6　清掃用具一覧表

どうして役に立たないのでしょうか。それは，**時間を意識していないから**です。時間を意識していないと，優先順位が見えにくくなります。

意識する時間は次の2つです。
- **その仕事をするのにどれくらいの時間がかかるか。**
- **その仕事はいつまでにしなければならないか。**

この2つを To Do リストに書き添えるだけで，役に立つ To Do リスト

になります。

⏰ 時間を意識する

次のように書き添えてみましょう。

```
1  10/25 学年だより（60）
2  10/12 学級通信（30）
3  10/05 学習発表会の内容決定（90）
4  10/10 忘れ物記録用紙（5）
5  10/18 社会科学習プリント（60）
6  10/01 清掃用具一覧表（10）
```

　項目の前に書いてあるのは締切日です。その期日までに，その項目の仕事を終えなければなりません。項目の後に書いてあるのは，その項目の仕事を終えるのに必要な時間の目安です。

　この2つが書いてあると，次のことが判断できるようになります。
・**仕事の優先順位。**
・**すきま時間にどの仕事をするか。**
　この判断ができると，To Doリストの使い勝手が飛躍的によくなります。ただのリストから「使える」リストになります。

　項目を列挙しただけでも，仕事の全体像がわかる利点はある。しかし，仕事量ばかりが意識され，ストレスが溜まることも確か。締切日とかかる時間を加えることで，片づけるための道筋が見えてくる。

経験値を基に 突発的な仕事を 予測する

突発的な仕事が入ることがあります。予想していなかったために，他の仕事の遂行に影響が出ます。場合によっては，期日までに間に合わないこともあります。そんなときのためにどうすればよいでしょうか。

🕐 心のショック・アブソーバー

突然の仕事が舞い込むことがあります。例えば，以下のようなことです。

・突然教育委員会からファックスが届き，市立図書館の利用状況を学年ごとに集計して，明日までに報告するようにと言われる。

・クラスの子の保護者が突然やってきて，明日転校することになったから書類を作成してほしいと言われる。

そのような突然の仕事が舞い込むと，自分の仕事の予定が狂います。

さらに，突然舞い込む仕事は二重のショックをもたらします。

1つは，予定外の仕事のために余計に働くという身体的なショック。もう1つは，忙しい生活がさらに忙しくなってしまうことへの精神的なショックです。

しかし，いくらショックを受けようとも，突然舞い込んできた仕事であろうとも，やらずに済ませるわけにはいきません。どうせやらなければならないのなら，少しでも受けるショックを少なくして仕事をしたいものです。

そのためには，突発的な仕事をある程度予想しておきましょう。心に「ショック・アブソーバー」をつけておくのです。つまり，「こういうショック

なことが起こるぞ」と自分に言い聞かせ，実際にそれが起こったときに，**「ほら，やっぱりそうなった」と認めることで，自分へのショックを和らげる**のです。

🕐 経験値にモノを言わせる

そうは言っても，「予測が難しいから突発的なのであって，予測できるのなら突発的とは言わないのではないか」と考えると思います。それはそうなのですが，ここで，ミドルリーダーであるみなさんには「経験」という強い味方があることを思い出してください。

この**経験に照らし合わせることで，ある程度の予測をすることが可能になります。**

先にあげた2つの例を見てください。市立図書館の利用状況を明日までに報告するというような急な仕事は，多くの場合，議会での答弁資料作成のために命じられます。また，急な転校の話は，学期末や学年末に比較的多く見られます。

そう考えれば，議会の始まりそうな時期や学期末，学年末には，そういう突発的な仕事が舞い込んでくるかもしれないと予測できるのではないでしょうか。それこそが，経験を基に予測する力＝経験値です。

ミドルリーダーとしての経験値をフル稼働させ，突発的な仕事をできるだけ予測して，心のショック・アブソーバーをつけてください。

> 経験値は，自分が経験しなければ高まらないのではない。他人の経験を自分のものにしても高まっていく。まわりの先生の仕事ぶりを見ていれば，突発的な仕事がいつごろ入るのかがある程度わかってくる。

段取り八分で難所を乗り切る

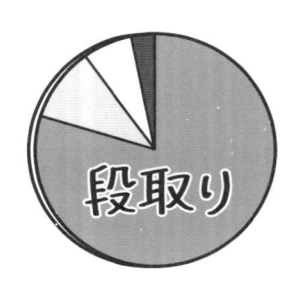

「段取り」とは，物事を行う順序・手順のことです。「段取りをつける」とは，その順序・手順を考えて決めるということです。つまり，仕事の見通しをはっきりさせるということです。

🕐 段取り八分

　昔から，「段取り八分」と言います。仕事の出来不出来の8割は，段取りがきちんとしているかどうかで決まるというような意味です。それぐらい段取りは大事なものだということです。

　普段の仕事を見直してみましょう。

　定期的に同様の作業を行うルーティン・ワークには，特別段取りは必要ありません。例えば，毎日の清掃指導や月1回の職員会議の司会や記録などは，やるべき事柄や手順がきっちりと決まっているので，改めて段取りをつける必要がありません。

　また，新しくても，数分とか十数分でできる仕事も，段取りをつけなくてもそれほど困りません。例えば，体育館から長机を5脚運ぶとか，授業参観の保護者の感想記入用紙をつくるとかは，段取りをつけてもつけなくても，手間や時間にそれほど変わりはありません。

　しかし，定期的でないやや大きな仕事の場合は，次のようなことをあらかじめ考えて，段取りをつけておいた方が効率よく仕事が進みます。
❶完了までにするべき細かな仕事に分解する。
❷それぞれにかかる時間を見積もる。

❸どの順番に行うかを考える。

❹それぞれの仕事をスケジュールに組み入れる。

❺チームで行う場合は周知して同意を得る。

🕐 仕事の難所を明らかにする

段取りをつけると，仕事の難所が明らかになることがあります。

以前，学習指導主任としてPTA祭（学習発表会＋PTA活動発表会）を計画していたときのことです。子どもたちの作品展示の仕方について，先生方から希望が出されました。PTA活動と関連するため，希望通り行うにはPTA運営委員会での了承が必要でした。

運営委員会で了承を得てから先生方にお知らせするのですが，運営委員会に提案するには先生方の了解を取らなければなりません。先生方の了解を取ったのに否決されては申し訳ありませんし，了解を得ていないのに運営委員会に提案するのも無理があります。

難しい手順でしたが，事前にわかっていたので，校長先生とPTA会長に内々で相談してなんとかうまく収めることができました。

段取りをつけていると，こういう難所が事前にわかることがあります。**ある程度進んでからでは軌道修正が難しいことでも，段取りをつけて事前にわかると対応できる**ことがあります。

段取りをつけることは，仕事をスムーズに進めるための基本です。

> 普段の仕事でも何気なく頭の中で段取りをつけていることは多い。頭の中で段取りをつけて進められる仕事はよいが，やや大きな仕事になったら紙に書き出してみるとよい。

自分の強みを生かす

仕事にもいろいろな種類のものがありますが，自分の得意な仕事，なんとなくやりやすい仕事，この仕事なら多少多くても気にならない，という仕事がみなさんにもあるのではないでしょうか。

🕐 強みを知る

　みなさんは自分の強みを知っているでしょうか。

　学習にいろいろなタイプや好みの分野があるように，仕事の仕方にもいろいろなタイプや好みの分野があるように思います。

　例えば，1人でコツコツと勉強する方がやりやすいという人がいます。同じように仕事も1人で黙々とやる方がはかどるという人がいます。国語は苦手だが社会科は大好きという人がいます。同様に，文章作成は苦手だがものづくりは大好きという人がいます。

　1人でコツコツと勉強するのが得意で社会科が大好きという人が，そのように学習に取り組めば大きな成果が上がるでしょう。同じように，1人で黙々と仕事をするのが得意でものづくりが大好きという人は，1人で黙って何かをつくる仕事をすれば大きな成果が上がるでしょう。

　このように，自分の得意なことや好きなことが自分の強みです。

　自分の強みを生かすことができれば，効率のよい仕事をすることができます。なるべく自分の強みを生かして仕事をするようにしましょう。

　とはいえ，自分の強みがよくわからないという人もいるかもしれません。

そういう人は，次のことを思い出してみてはいかがでしょうか。

・**こういう仕事だったら少しくらい多くてもいいかなと思える仕事**
・**こういう仕事はやっていて楽しいと思える仕事**

　この２つにかかわる仕事が，自分の強みにマッチした仕事です。

🕐 強みを生かす

　仕事上の自分の強みがわかったら，次はその強みがなるべく生かせるようにしてみましょう。

　１人で静かなところで仕事をするとはかどるタイプならば，そのような時間帯に重要な仕事をするようにしましょう。反対に，ざわついていて人がたくさんいる時間帯には簡単な仕事をします。締切日と必要時間が記入されたTo Do リストが役に立ちます。

　また，だれかとチームを組んで協力して仕事をするとはかどるタイプならば，同じ仕事を抱えている人で協力してくれる人に声をかけましょう。やみくもに声をかけて誘うのは相手にも迷惑です。**都合を聞くと同時に，相手が同じ仕事のタイプかどうかを見極めることも必要**です。

　タイピングが得意とか，イラストが得意とか，表計算が得意とか，ある分野の仕事に強みがある場合は，仕事全体を分けて考え，自分の得意な部分を担当させてもらったり，他の先生と仕事を交換したりします。**自分の得意な分野を引き受けるかわりに，不得意な分野を引き受けてもらうのです。**

　自分の強みを生かして仕事ができれば，それまでよりも短時間で質のよい仕事ができる。しかも，ストレスもかからない。職員室全体を考え，職員の適性を生かした仕事の配分ができると最高だ。

前倒しで仕事をする

仕事に追われる人と仕事を追いかける人がいます。同じ仕事量をこなし，同じように忙しくても，仕事を追いかける人はストレスをあまり感じません。仕事を追いかける人になりたいものです。

忙しいと失敗する

　仕事を次の2つの基準で分けてみます。

❶締切が近いか近くないか。

❷重要か重要でないか。

　すると，次の4つのカテゴリーに分かれます。

A　重要で締切が近い仕事

B　重要で締切は近くない仕事

C　重要ではないが締切が近い仕事

D　重要ではなくて締切も近くない仕事

　このうち，最も力を入れなければならないのは，Aの「重要で締切が近い仕事」です。これは異存のないところでしょう。

　問題はここからです。

　Aの次に力を注がなければならない仕事はどれでしょうか。それは，Bの「重要で締切は近くない仕事」であるはずです。重要な仕事なのですから当然でしょう。

　ところが，現実には，私たちはAの次にCの「重要ではないが締切が近い仕事」に力を注いでしまいます。締切が近いことが気になるからです。その

結果，重要な仕事に注ぐ時間が少なくなってしまいます。これではよい仕事はできません。

　Aの仕事の次にCの仕事に力を注いでしまうのは，仕事に追われるからです。時間的なゆとりがないからです。時間がないために締切に追われ，否応なく締切の近い仕事を片づけなければならなくなってしまうのです。

🕐 前倒しで仕事をしようと強く思う

　仕事に追われる（締切に追われる）と，締切の迫っている仕事から片づけることになります。

　その結果，重要な仕事が後回しになることがあります。

　そうすると，今度は重要な仕事に追われ，重要な仕事に十分な時間がかけられないということになります。

　それで，重要な仕事を時間をかけずに片づけることになります。

　この負の連鎖を断ち切るには，どこかで前倒しで仕事をしなければなりません。前倒しで仕事をすることで，締切までの時間のゆとりをつくらなければなりません。

　ただし，前倒しで仕事ができるようになるための特別な方法があるわけではありません。ただ，**前倒しで仕事をしようと強く思い，ひたすらチャレンジをするだけ**です。

> 前倒しで仕事をすると，時間的なゆとりが生まれると同時に，精神的なゆとりも生まれる。それが多忙感を軽減する。または多忙感を感じても辛くなくなる。前倒しを心掛けよう。

第10章

家族のために
時間を生み出す

家族優先行事を決める

ドラマでは，家族を優先させようとする社員に，上司が頭ごなし叱りつけたり，お父さんが家族との予定をキャンセルして仕事を優先させる場面が出てきたりします。そういうことがみなさんにもあるでしょうか。

🕐 優先させた家族キャンプ

　私には息子が2人います。今はどちらも独立しています。

　上の息子が小学校に入ったのを機に，家族でオートキャンプを始めました。下の子が幼稚園の年中組のときでした。

　この家族でのオートキャンプは，年々規模が拡大されました。最初のころは2泊や3泊で行っていましたが，夏休みの休暇を活用して，そのうち1週間になり，キャンプ場を移動しながら10日間になり，上の息子が小学校6年生のときには，中学生になったらなかなか休めないだろうからと，思い切って21日間のキャンプ旅行を行いました。

　息子は夏休みの自由課題で毎年旅行記をつくりました。今では，それらはキャンプの思い出とともに家族の宝物となっています。

　一方，私はそのころ，学年主任や国語主任，道徳主任などの複数の主任業務についていました。教職経験も15年くらいの中堅，まさにミドルリーダーになっていました。当時はまだ夏休みが今ほど忙しくはありませんでした。校務に差し障りのないところを選んでキャンプの予定を入れていましたが，長期間になるとうまく予定がとれないこともありました。

そこで，同僚にお願いして日直を交代してもらい，会議の期日をずらしてもらうか，事前に文書で意見を述べることで許してもらい，代われる出張は代わってもらい，やりくりして家族キャンプを行っていました。

🕐 外せない家族行事をもつ

みなさんには，このような外せない家族行事がありますか？

「そんなものはないから大丈夫だ」と思っているとしたら，それは危ないことです。**それくらい大事な家族行事があるということが，家族を大事にしていることを意味する**からです。

家庭を大事にするのはどうしてでしょうか。

1つは，家庭がほっとひと息つける安心安全な場であれば，仕事に一層力を注ぐことができるからです。家族のだれかに何か気がかりなことがあると，それが気になって仕事に集中できないこともあるのではないでしょうか。

もう1つは，**家族を大事にする人は，同僚から好感をもたれることが多い**ということです。もちろん，家族を大事にするあまり，校務をないがしろにしてはなりませんが，校務をきちんとこなしたうえで家族を大事にしている姿に，まわりは安心感と親近感を覚えるものです。

このような理由から，家族行事を決め，その中から「これだけは外せない」という行事を決めておくことをおすすめします。

家族優先行事を決めると，自然と家族のために時間を使うことになる。時間を使うことで家族を優先するべきという動機がさらに強化される。そのことがまわりからの信頼と家庭の安定につながる。

家族行事は可能な限り早く宣言する

みなさんの中にも，家族の行事を優先させるために仕事を断ったり，つき合いを断ったりすることに罪悪感を覚える方がいるのではないでしょうか。そういう人は，できるだけ早く宣言しておきましょう。

家族行事を優先することの罪悪感

A先生は，金曜日から土日にかけて家族旅行に行く計画を立てていました。金曜日は少し早めに帰宅して最後の準備をするため，1時間だけ休暇をとるつもりでした。

しかし，金曜日はいつも学年会があって，次週の計画などを話し合うことになっています。それでなかなか言い出すことができず，ズルズルとその週になってしまったのです。

A先生が「実は…」と話したのは，切羽詰まったその週の月曜日の放課後でした。もちろん学年の先生は「いいなぁ」とうらやましがるだけで，学年会ができないからと文句を言う人はいません。急遽，学年会は少し遅くなっても木曜日に行うことにしました。

このA先生とは，若かりし日の私です。自分の用事で他の先生の予定を変えさせ，早めに帰宅するということに，どこか罪悪感を覚えていました。

罪悪感を軽減させる

この罪悪感の基になっているのは，

・他の先生の予定を変更することになって迷惑をかける。

・自分だけ先に帰宅して申し訳ない。

という気持ちです。ですから，この気持ちを感じないで済むような方法があれば，罪悪感を覚えないで済みます。

⏰ 早めに宣言しておく

まず，このような場合の連絡は**可能な限り早くしておくことが大切**です。前の週とかその週とかになってしまうと，余計に言い出しにくくなります。

これが2か月先だったらどうでしょう。例えば，9月のある日に「実は11月〇日の金曜日なのですが…」と言うのなら，ほとんど抵抗なく言えるのではないでしょうか。実際，2か月も先のことですから，いくらでも予定を変更することができます。お互いに，気兼ねすることも困ることもありません。

もう1つは，早めに帰ることになるので，

「何か先に進めておくことはありませんか？」

と，学年や部会の先生に声をかけておくことです。

学年会くらいならばそれほど支障はありませんが，校務分掌の会議が入っていたり，学年での作業が入っていたりする場合は，自分にできる仕事を先に行うことで，あまり迷惑をかけずに済みます。また，相応の仕事ができたことで，自分自身を納得させることもできます。

家族行事を優先させたいときは，早め早めに宣言をする。何度か宣言をしていると，不思議なものでそれが当たり前になってくる。また，早めに宣言をすることで，まわりにも迷惑をかけないで済む。

価値ある無理をする

先にも前倒しで仕事をすることを述べました。同じことなのですが，ここでは，家族のために前倒しで仕事をするという，限定した中での前倒しの仕事について述べてみます。

🕐 迷惑をかけない

　前項にも書きましたが，家族行事を優先させようとすると，どこかに罪悪感を覚えてしまうことがあります。それを軽減するためには，「まわりに迷惑をかけていない」と納得できることが必要です。

　ここで少し本筋から逸れた話になりますが，**本当はまわりに迷惑をかけてもいいと思えることの方が重要**です。人は多かれ少なかれまわりに迷惑をかけて生きているものだからです。進んで迷惑をかけたり，迷惑をかけることに無頓着になったりしてはいけませんが，迷惑をかけた自分も受け入れることができると，気が楽になります。また，迷惑したことに過剰に反応するのは，自分自身も人に迷惑をかけることに大きな罪悪感をもっていることによることが多いようです。

　さて，人になるべく迷惑をかけないで済むように，また，気兼ねなく家族行事を優先させることができるように，仕事を前倒しでやっておきましょう。
　この前倒しでやっておく仕事には２つあります。
　１つは，**自分がいないために迷惑をかけるかもしれないことを予想して，そのうちのできることを先にやっておく**ということです。この場合は，自分

の仕事でなくてもかまいません。別に担当者が決まっている仕事でも，ひと声かけてやっておきましょう。

　もう1つは，**上記のことをするために，自分の仕事を前倒しでやっておく**ことです。本来仕事ができる時間帯に休暇を取るということと，他の仕事をするということにより，仕事量が少し増えるからです。

⏱ 価値ある無理

　そのような仕事をするとなると，ただでさえ忙しい毎日がさらに忙しくなります。そのように気兼ねして，そのように急がしい思いをしてまで，家族の行事を優先しなくてもよいのではないか，という思いが頭をもたげます。**特に男性は，家族よりも仕事を優先して考えてしまいがち**です。

　そんな方に「価値ある無理」という言葉を贈ります。

　もう十数年前のこと。野口芳宏先生のご指導のもとに，「聴く技術」についての本を書いていました。書く時間が取れなくて，早朝3時過ぎに起きて書いていました。その話をしたとき，野口先生から「ぜひ，価値ある無理をして書き上げてください」とのお言葉を頂戴しました。目から鱗が落ちる思いでした。より一層がんばろうという気持ちが起こりました。

　家族があるから仕事に励めます。その家族の行事を優先させるための無理です。それは間違いなく「価値ある無理」ではないかと思います。価値ある無理をして，家族行事を優先させましょう。

> 家族行事を優先させるために，価値ある無理をすることはすばらしいこと。またそのようにして優先した家族行事はかけがえのないものとなる。そのことは，子どもが独立したときにはっきりとわかる。

家庭事情の早退は堂々とする

子どもが突然熱を出して連絡が来たり，通院をしたりするために早退しなければならないことがあります。ある程度の年齢になれば親の健康上の理由で帰らなければならないこともあります。

🕐 堂々と帰る

　私はかねがね変えたいと思っていることがあります。その1つが，次のような場面です。

　M先生は小学校低学年と幼稚園に通うお子さんのいるお母さん先生です。ある日の授業中に，お子さんの通う小学校から電話がありました。休み時間に折り返し電話をすると，高熱が出ているので迎えに来てほしいとのことでした。

　M先生は学年主任に事情を話し，慌ただしく職員室を後にしました。そのときM先生は，学年主任や校長先生，教頭先生，学習指導主任に何度も何度も頭を下げ，「すみません」と何度も何度も口にしていました。

　我が子が熱を出して帰るとはいえ，後のことを考えたら申し訳ない気持ちでいっぱいになるのはわかります。

　しかし，幼い子を抱えて一生懸命に働くお母さん先生が，我が子のために帰るとき，どうしてあれほど頭を下げ，「すみません」を言わなければならないのでしょうか。**我が子のために帰るのですから，もっと堂々と帰ってよい**のではないかと思います。そういうことが自然にできる職場になるといい

なと思います。

　私にはもう小さい子はいませんが，親の介護は始まっています。病院や施設から連絡が来ることもあります。そういうときには，事情を話し，後の準備をして，堂々と帰ることにしています。そうでなければ，親や家族をないがしろにすることにもなると思うからです。

🕐 家族の価値が高まる

　「いかなる成功も家庭の幸せを補うことはできない」という言葉を，第1章で紹介しました。言うまでもありませんが，これは，家族や家庭の大切さを言い表している言葉です。

　家族を大切にし，家庭を安定させることが，よりよい仕事につながることは再三述べてきました。**効率的で質のよい仕事をするには，家庭の安定と協力が不可欠**です。

　家族の健康が脅かされ，勤務中に帰らなければならないことはだれにでもあることと思います。そのときには，大切な家族のために帰るのですから，ぜひ堂々と帰りたいものです。そのような姿勢が，自分の中の家族の価値をさらに高めるのではないかと思います。

　家族のために堂々と帰る姿は，家族を大切にしていることをアピールするものでもあり，かっこいいものです。

　家族に何かあったときには，事後をきちんとしたうえで堂々と帰りたい。堂々と帰ることで，自分の中での家族の重要性を高めることになる。家族を大事にして家庭を平和にすることがよい仕事につながる。

同僚にも
家族優先をすすめる

家族行事を優先させようとしても，自分1人だけでは心細いものです。できれば職場全体がそういう雰囲気になるのが理想的です。いきなり全員がそうはならないでしょうから，近場の人から声をかけましょう。

まずは仲良しの同僚から

　たった1人で何かをするというのは心細いものです。たとえそれが正しいことであっても，まわりがそうしていないと心配になります。赤信号で待っているところに，まわりの人がどんどん渡り始めたら不安になるのではないでしょうか。

　それと同じ心理で，家族優先で行動することが正しいと思っていても，自分だけがそれをするのは不安でしょう。そこで，仲間をつくりましょう。1人では心配なことも，仲間が1人でもいるとグッと心強くなります。

　はじめは，仲良しの同僚に声をかけるとよいと思います。気楽に話せる場面がよいでしょう。雑談のときとか，懇親会のときとかにさりげなく話題にしてみます。ただし，強要や強制はしません。それぞれの考えがありますから，みんながみんな賛同してくれることはありません。

　その他に，同僚が家族のことで早く帰ることになったら，
「後のことは任せて，早く行ってあげるといいよ」
「家族は大切なんだから，そんなに恐縮することはないよ」
「家族のために急いで帰るってかっこいいよ」

などと声をかけるのもよいと思います。

　他の職員がいるところで声をかけることができれば効果抜群です。でも，他の職員の前で言われるのを嫌がる人もいます。その場合は，個別にそっと声をかけましょう。同学年の教師や若手教師に声をかければ，ミドルリーダーとしての信頼感もアップすること間違いなしです。

🕐 管理職にも

　最後は，**管理職にもそれとなく話しておくと，職場の雰囲気が変わりやすい**と思います。

　最近は「働き方改革」で，管理職も教職員の勤務についていろいろと心を砕いています。早く帰るように促していますが，肝心の教職員はなかなか早く帰り（れ）ません。

　そのような状況ですから，管理職も，家族を優先して早めに帰ったりすることを，頭から否定するようなことはしないでしょう。

　話をする場は，やはりお酒の席がよいと思います。ざっくばらんにお話をしてみましょう。

　1つ効果を高める方法を紹介します。**翌日お礼を言いながら，さりげなくもう一度話題にする**ことです。それも「何か，家族を優先して早く帰るとかなんとか言って，ご迷惑をおかけしたようで，申し訳ありません」と謝りながら。これで思い出してもらえます。

> 何をするにも仲間がいるとやりやすい。家族や家庭を優先する勤務について，賛同者を1人，2人と少しずつ増やしていき，ある程度になったら管理職に話をするとよい。

余力を残して帰宅する

調子がよいと，ついいつも以上にがんばってしまいがちです。多少のがんばりはよいと思いますが，がんばり過ぎはよくありません。がんばり過ぎてしまうと，疲れを翌日以降に持ち越すことになります。

調子を持続させる

　随分と前の話で恐縮ですが，受験勉強をしていたころのことです。ある日，先生がこんなことをおっしゃいました。

　「君たち，毎晩勉強をしていて，なんだか今日は調子がいいなぁと思うことがあるでしょう。問題がスイスイ解けるし，少しも眠くならない。そんな日があったら，**もう少しできるなというところで終わりにするとよい**ですよ。そうすると，その調子が翌日も続きますよ」

　この先生の話が科学的に裏づけられたことなのかはわかりませんが，その後の生活の中で，確かにそうだよなと思えることが何度もありました。

　力一杯がんばってしまった翌日は，疲れが体に残っています。というか，残っているという思い込みがあります。体と気持ちは連動していますから，気持ちが疲れていると体も本調子のように動きません。

　さらに，力一杯がんばった翌日は，「昨日あんなにがんばったんだから，今日は少し休んでもいいだろう」という甘えた気持ちが出ます。

　それで，結局翌日のパフォーマンスが落ちてしまうのです。

　ですから，いつでも力一杯がんばることがよいとは限らないのです。調子

がよくても**余力を残して仕事を切り上げることが，翌日もコンスタントに仕事をするためのコツ**と言ってもよいと思います。早めに切り上げることができれば，家族との時間をそれだけたくさんもてることにもなります。

⏰ トータルで100%を目指す

　長い間には，調子のよい日もありますが，反対に今日はなんとなく調子が出ないなと感じる日もあります。そんな日は，いつもよりもパフォーマンスが落ちます。早く切り上げざるを得ない状況になります。

　また，体調を崩して仕事ができないこともあります。家族が病気になって看病をしなければならないこともあります。

　そうなったときに余力があれば，「今日は仕事ができなくても，明日少し多めに仕事をすれば大丈夫だろう」と，心にゆとりをもって対処することができます。

　しかし，力一杯の仕事をしてしまうとそのゆとりがありません。**ゆとりがない中で遅れた仕事を取り戻そうとして無理をすると，ますます疲れ切ってしまう**でしょう。

　長い一年を乗り切るには，多少の無理をしなければならない日もあります。そのときのために，調子がよくてもがんばり過ぎることなく，余力を残して仕事を切り上げることも必要です。

　調子がいいときはいくらでも仕事ができる気がする。そういうときでもオーバーワークにならないよう自己管理することで，翌日もコンスタントに仕事ができる。急な出来事にも対処しやすくなる。

家族で過ごす時間帯を決める

家族＞仕事

孤食が問題になったことがあります。みなさんのご家庭はいかがでしょうか。朝食や夕食を家族でとっていますか。家族が一緒に過ごす時間帯がありますか。家族で過ごす時間帯を決めてみましょう。

🕐 一緒に過ごすには努力が必要

よく，「日本人は，空気と水はタダだと思っている」と言われます。日本中どこに行っても，空気も水も普通に吸ったり飲んだりできるからです。

しかし，その空気も水も，普段意識しないだけで，どこかでだれかがきれいに保つための努力をしているのです。当たり前は当たり前ではないということです。

家族で過ごす時間もこれと同じことです。

いわば，空気や水のようにそこにいるのが当たり前になっている家族。ひとつ屋根の下に住んでいるのですから，一緒の時間を過ごすのは当たり前だと思っているかもしれません。

でも，空気や水が人知れず努力している人の手によって保たれているように，家族が一緒の時間を過ごすのにも努力が必要です。家族一人ひとりが努力をしないと，一緒の時間を過ごすことはできません。

家族と一緒に過ごす努力をしましょう。「自分には仕事があるから，家族で過ごす時間は取れない」という人は，自分の人生の優先順位をよく考えてみましょう。

　仕事の時間は，自分の仕事上の目標の達成にかかわるものです。しかし，**家族で過ごす時間は，自分の人生の目標により深くかかわるもの**ではないでしょうか。そのために努力をすることには大きな意義があると思います。

🕐 時間を決める

　仕事を優先して，その他の時間で家族と過ごす時間をやりくりしようとすると，家族で過ごす時間はなかなか取れません。

　反対に，家族で過ごす時間を優先して，その他の時間で仕事をやりくりしようとすれば，家族で過ごす時間は取りやすくなります。

　ただ漠然と早く帰るのではなく，家族と過ごす時間のために早く帰りましょう。ただ漠然と仕事に集中するのではなく，家族と過ごす時間のために仕事に集中しましょう。自分のキャリアのために仕事の質を上げるのではなく，家族と自分のキャリアのために仕事の質を上げましょう。

　何度も言いますが，

> **いかなる成功も家庭の幸せを補うことはできない**

のです。

　家族のために時間を使ってこそ，仕事も充実すると考えましょう。

> ミドルリーダーとして働く時期は，人生において家庭をもち家族をもつ時期に重なる。だからこそ，この時期に家庭を大切にし家族と過ごす時間を大切にする。それが人生の成功につながる。

ライフレベルの目標は…

何が大切で 何が幸せかを 考える

目の前の仕事にかかりきりになると，遠い目標を見失って しまいます。時には，自分のために家族のために，何が大 切で何が幸せなのかを考えてみることも大切ではないでし ょうか。

🕐 目標を見直す

みなさんには，様々な目標があると思います。

この目標を，次の３つのレベルで考えてみましょう。

❶職場レベル

❷キャリアレベル

❸ライフレベル

職場レベルの目標とは，現在の職場での目標のことです。現在の勤務校で 働くうえで，何を目標にするかということです。「体育主任として，今まで にない充実した運動会を行う」とか「学年主任として，保護者から絶賛され る学年経営をする」とかです。

キャリアレベルの目標とは，仕事の経験，実績，技術での目標，つまり教 師としての目標です。例えば，「校長になる」というのもその１つです。「国 語指導のスペシャリストになる」というのもその１つです。「特別支援教育 や生徒指導で経験を積む」というのもそうです。

ライフレベルの目標とは，人生の目標です。一生をかけて達成する目標の ことです。「みんなの役に立つ人になりたい」「家族を幸せにしたい」「世の 中に貢献したい」「世界中を旅していろいろな国の人と友だちになりたい」

「最期は家族に囲まれて笑って亡くなりたい」。そういう目標です。

🕐 幸せへのステップを見極める

　これらの目標が達成されたら，みなさんは幸せになれるでしょう。

　今はその目標達成への道の途上にいると考えてください。

　目の前の仕事は，目標達成への道につながっているでしょうか。みなさんの目標を達成するためのステップの１つになっているでしょうか。

　もし目標を達成するためのステップの１つになっているなら，その仕事に精一杯取り組むことが，みなさんの目標の達成にそのままつながります。

　しかし反対に，目の前の仕事が，目標達成への道から逸れていたとしたら，どうすればよいでしょうか。「この仕事は目標達成のためのステップにならないから」と捨てられたら楽ですが，現実にはそうはいきません。そして，そういう仕事もまた多いと言えるでしょう。

　そのようなときにこそ，ライフレベルの目標を見直してください。**ライフレベルの目標を見直せば，目の前の仕事の中にも，目標達成のためのステップが隠れていることに気づく**と思います。職場レベルの目標やキャリアレベルの目標にそのままつながってはいないけれども，ライフレベルの目標につながるステップです。

　そのステップを見極めて，目の前の仕事に取り組んでみましょう。

> ライフレベルの目標を見直せば，目の前の仕事の中にも，目標達成のためのステップが隠れている。そのステップを見極めて，目の前の仕事に取り組んでみよう。

【著者紹介】

山中　伸之（やまなか　のぶゆき）

1958年栃木県生まれ。宇都宮大学教育学部卒業。栃木県公立小中学校に勤務。

●研究分野

　国語教育，道徳教育，学級経営，語りの教育

　日本教育技術学会会員，日本言語技術教育学会会員

　日本群読教育の会常任委員，「実感道徳研究会」会長

●著書

『今日からできる　学級引き締め＆立て直し術』『新任3年目までに身に付けたい　保護者との関係構築術』『話し合いができるクラスのつくり方』（以上，明治図書）『全時間の板書で見せる「わたしたちの道徳」』『ちょっといいクラスをつくる8つのメソッド』（学事出版）『キーワードでひく小学校通知表所見辞典』『できる教師のどこでも読書術』（以上，さくら社）『できる教師のすごい習慣』『忙しい毎日が劇的に変わる　教師のすごいダンドリ術！』（以上，学陽書房）他多数。

30代，40代を賢く生き抜く！

ミドルリーダーのための「超」時間術

2018年3月初版第1刷刊　Ⓒ著　者　山　　中　　伸　　之

　　　　　　　　　　　発行者　藤　　原　　光　　政

　　　　　　　　　　　発行所　明治図書出版株式会社

　　　　　　　　　　　http://www.meijitosho.co.jp

　　　　　　　　　　　（企画）矢口郁雄（校正）大内奈々子

　　　　　　　　　　　〒114-0023　東京都北区滝野川7-46-1

　　　　　　　　　　　振替00160-5-151318　電話03(5907)6701

　　　　　　　　　　　ご注文窓口　電話03(5907)6668

＊検印省略　　　　　　組版所　長野印刷商工株式会社

本書の無断コピーに，著作権・出版権にふれます。ご注意ください。

Printed in Japan　　　　　　　ISBN978-4-18-278317-3

もれなくクーポンがもらえる！読者アンケートはこちらから →